# 권리의 근거

# 권리의 근거

호펠드의 권리 유형에 따른
계약론적 접근

조성민 지음

　1980년 5월 18일 광주 민주화 운동으로 수많은 민간인들이 학살당하고 있을 때, 나는 그 사실을 전혀 알지 못한 채 서울에서 미국 유학을 준비하고 있었다. 그 당시 전국의 모든 통신이 두절되고 언론에서 그 실상을 보도하지 않았기 때문에 광주에서 저질러진 만행을 알 수 없었다.

　그해 여름 미국으로 유학을 가서 광주의 5.18 참상을 비디오로 보고 충격을 받았다. 국민의 생명을 보호해야 할 군인들이 자신들의 정치적 야욕을 달성하기 위해 민주화를 외친 시민들을 학살함으로써 인간의 기본권인 생명권을 무자비하게 유린한 것을 보고, 윤리학을 전공한 사람으로서 내가 우리나라를 위해 무엇을 할 수 있을까를 새삼스럽게 생각하지 않을 수 없었다. 서울대에서 학부와 석사과정을 마치고 박사과정을 밟기 전까지는 윤리학의 실천적인 분야의 연구보다는 이론적인 연구에 관심을 가졌다. 그러다가 광주 5.18 학살의 참상을 보고 난 후 인간의 기본권에 대한 관심을 품게 되었다.

하버드대 로스쿨 교수인 더쇼우위츠(Alan Dershowitz)는 그의 저서 *Rights from Wrongs*(2005)에서 "권리는 불의에서 나온다."라고 주장하였다. 권리는 불의에 대한 경험으로부터 나온다고 보았다. "표현의 자유, 종교의 그리고 종교로부터의 자유, 동등한 법의 보호, 적법 절차, 그리고 특히 민주주의와 같은 권리기반의 체제와 기본권들이 과거의 극악무도한 불의가 반복되지 않도록 하는 데 필수적이라는 것을 우리는 과거의 잘못으로부터 배운다."라고 주장하였다. UN 인권선언은 무자비한 대학살을 자행한 히틀러의 만행을 경험한 세계인들이 인간의 존엄성과 가치를 고양하기 위해 모든 국가와 국민이 지킬 수 있도록 권고한 보편적 선언이다.

사람이 불의를 목격하면 정의감이 움직이고 인간의 권리와 존엄성에 대한 관심을 가질 수밖에 없는 것은 당연한 이치이다. 내가 권리에 대해 관심을 더욱 갖게 된 것은 내가 유학한 뉴욕주립대(버팔로 소재) 철학과 대학원 첫 학기 강좌에서 권리에 관한 세미나를 수강한 것이 결정적인 계기가 되었다. 세미나를 이끈 페리(Thomas D. Perry) 교수는 Columbia 대학 로스쿨에서 박사학위를 하고 윤리학과 법철학을 연구하였다. 페리 교수는 이 강좌에서 호펠드(Wesley Newcomb Hohfeld)의 *Fundamental Legal Conceptions as Applied in Judicial Reasoning* (1919)에 제시된 권리 개념에 초점을 맞추면서 세미나를 진행하였다. 호펠드의 이 저서는 분석적인 법철학의 고전적인 연구로, 후대의 많은 법학자들과 법률가들에게 영향을 주었다. 나의 박사학위 논문의 주제도 호펠드의 권리 유형을 따른 것이다.

페리 교수는 그 강좌의 인연으로 나의 논문지도 교수가 되었지만 중도에 갑자기 타계하여, 법철학 전공인 브래디(James Brady) 교수가 이어받아 논문지도를 해주었다. 미국 대학의 철학과는 윤리학과 법철학 또는 정치철학을 넘나들면서 연구하는 교수들이 많다. 그래서 철학 전공 안에만 학생들을 묶어두지 않고 자유롭게 다른 전공을 선택해서 듣도록 권장하기도 한다. 지도교수가 로스쿨의 강좌도 하나 들어볼 것을 권하였다. 새로운 경험이라 두렵기도 하였지만, 형법의 내용은 윤리적 규범으로부터 유래하거나 그것과 관련성이 높다는 생각에 'Rethinking Criminal Law'를 선택하여 수강하였다. 강좌 범위 안의 주제를 하나 선정하여 발표하는 세미나였는데, 당시 국내 대학에서는 시도해보기 어려운 흥미롭고 유익한 경험이었다.

호펠드의 관심은 법적인 권리와 상관적인 기본 개념 간의 논리적인 분석에 있었다. 일반적으로 나의 권리(right)는 타인의 의무(duty)와 논리적으로 서로 관련된다. 예를 들면 내가 어떤 채권을 소유하고 있다면 필연적으로 어느 누군가가 채무를 지고 있다. 채무가 없는 채권은 없는 것이다. 의무가 따르지 않는 권리는 없다고 일반적으로 생각한다. 이처럼 의무가 수반되는 권리, 즉 타인의 의무 수행을 요구할 수 있는 권리를 엄격한 의미의 권리(a right in the strict sense) 또는 요구권(claim-right)이라고 한다. 그러나 모든 권리가 의무가 수반되는 요구권은 아니다. 예를 들면 정당방위권(right to self-defense)에는 상대방의 의무가 따르지 않는다. 정당방위권은 호펠드의 분류법에 따르면 특권(privilege) 또는 자유권(liberty)으로, 내가 생명의 위협을 당하고 있을 때 정당방위권을 행사한다면, 상대방이 나에게 그것을 금하도록 '요구할 권리가 없다'(no claim). 상대방이 정당방위를 금하도록 '요구할 권리가 없다'라는 말은 내가 정당방위를 금할 의무가 없다, 즉 내가 정당방위를 할 수 있는 특권 즉 자유가 있다는 말과 같다. 정당방위권은 상대방의 나에 대한 공격(의무 불이행)을 물리치기 위한 나의 권리이므로 상대방이 나의 정당방위권에 상응하는 의무(정당방위를 방해하지 않을 의무)가 있다고 말할 수는 없다. 낙태권도 마찬가지로 본질적으로 자유권이며 요구권이 아니다. 요컨대 내가 어떤 행위를 '할 수 있는 자유가 있다'라는 말은 상대방이 그것을 '하지 말도록 요구할 권리가 없다'라는 말과 같다.

호펠드는 권리의 유형으로 요구권과 자유권 이외에도 권한(power)과 면제권(immunity)을 제시하였다. 호펠드는 특정 권리가 여러 유형으로 이해될 수 있음에도 불구하고 어느 하나의 유형으로만 해석하고 추론한다면 잘못된 결론에 이를 수 있음을 경계하였다.

호펠드의 권리 분석은 법적인 권리에 적용되었지만 그의 분석은 도덕적인 권리나 기본적인 인권에도 적용될 수 있다. 법률가가 법적인 판단을 내릴 때 권리의 유형에서 혼동을 일으키면 오류를 범할 수 있는 것처럼, 기본적인 인권의 정당화 또는 근거를 제시할 때에도 그것의 유형에 혼동을 일으키면 잘못을 범할 수 있다. 기본적인 인권인 생명권은 요구권이다. 다른 사람 또는 국가가 개인의 생명을 박탈해서는 안 되는 의무가 있다. 개인의 생명권을 어떻게 정당화할 수 있는가? 그것은 요구권인 재산권과 마찬가지로 어떤 도덕률에 의해 정당화된다. "개인의 생명이 박탈당해서는 안 된다."(의무적인 형식으로는 "타인의 생명을 박탈해서는 안 된다.") 또는 "개인의 재산이 침해되어서는 안 된다."(의무적인 형식으로는 "타인의 재산을 침해해서는 안 된다.")와 같은 도덕률로부터 그러한 권리들이 이끌려 나온다. 도덕률은 살인이나 절도 등의 행위를 마음대로 할 수 있는 자유를 제한하는 기능을 갖는다. 사람들이 그러한 도덕률을 준수하면 개인의 권리가 존중될 수 있다. 거의 모든 국가들은 그러한 도덕률을 법률에 수용하기 때문에 그러한 권리가 법적인 권리의 지위를 또한 갖게 된다.

그런데 자유권이 그러한 방식으로 정당화되는가? 모든 사람은 표현의 자유가 있다고 말한다. 그러나 우리는 표현의 자유가 있다는 것을 정당화하기보다는 그러한 자유의 제한을 정당화해야 한다. 표현의 자유가 다른 사람의 명예를 훼손하거나 프라이버시를 침해한다면 표현의 자유를 제한해야 한다고 우리는 주장할 수 있다.

우리는 자유를 누릴 수 있다는 것을 정당화하기보다는 개인의 생명, 재산, 명예, 프라이버시를 침해하는 자유를 제한하는 것을 정당화하는 것에 초점을 두게 된다. 왜 내가 자유로워야 하는가를 정당화하기보다는 나의 자유를 제한하는 것에 대하여 정당화를 요구하게 된다. 다른 사람이 나의 자유를 제약하거나 억압할 때 왜 나의 행동의 자유를 제한하느냐고 상대방에게 정당화를 요구할 수 있다. 정당화의 부담은 자유를 누리는 사람이 아니라 자유를 제한하는 사람에게 있다.

모든 사람이 자유를 누리는 것은 자연스러운 일이다. 그러나 누구나 무제한으로 자유를 누린다면 각자가 추구하는 이익을 누릴 수 없다. 말하자면 토마스 홉스가 말한 자연의 상태에 빠질 수 있다. 홉스의 자연의 상태에서는 자신의 보존을 위해 무엇이든지 할 수 있는 자유가 있다. 홉스의 자연의 상태에서는 의무가 없으며 따라서 권리(요구권)도 없다. 권리도 의무도 없는 자연의 상태에서 사람들은 자신의 기본적인 이익을 보호하기 위해 자연의 상태를 벗어나 상호 이익을 위한 협동체로서의 사회를 형성하기로 합의를 한다. 그러한 사회계약을 통해 기본적인 권리와 의무를 규정하는 기본적인 사회적 규칙이 생성되고, 그 규칙을 통해 상호 간 자유를 제약하게 된다. 자유는 기본적으로 전제되지만, 사회계약을 통한 자유의 제한이 이루어지면서 기본적인 권리(요구권) 또는 의무가 발생하게 된다. 자유는 계약 이전에 이미 존재하며 계약을 통해 존재하는 것이 아니다.

호펠드의 권리 유형에 따라 계약론적으로 권리의 근거에 접근한 이 책은 뉴욕주립대(버팔로 소재) 철학과에서 발표한 박사학위 논문(1988)이다. 논문 심사위원 중 한 분인 코스마이어(Carolyn Korsmeyer) 교수가 미국 저널에 기고해보도록 권했지만, 보다 더 심층적인 논의가 필요하다는 생각에 미루다가 오늘에 이르렀다. 정년퇴직하고 학위 논문을 바탕으로 확장적인 논의를 시도하려고 했으나, 불완전하거나 잘못된 표현은 수정하여 논문 원본의 내용을 가능한 한 그대로 유지한 채 출간하는 것이 좋다고 생각해서 이번에 세상에 내놓기로 했다. 이 논문은 권리의 근거에 주안점을 두었기 때문에 권리 또는 인권의 역사적 배경, 권리의 내용과 해석, 권리 논쟁 등을 포함한 권리의 전반적인 논의를 하기에는 한계가 있었다.

앞으로 인권에 관한 전반적인 연구를 바탕으로 책을 낼 계획이 있다. 최근에 권리 또는 인권의 팽창(inflation)이라는 말이 자주 오르내린다. 인권의 이름으로 권리가 무한히 증식되고 있다고 주장하는 사람들이 있다. 주장의 정당성을 권리 또는 인권의 이름으로 내세우면 보다 강력한 힘을 지닐 수 있다고 생각하기 때문이다. 낙태권, 동성애권, 동성결혼권, 동물권, 심지어 식물권 등, 자신이 중요한 가치를 부여하는 행위나 대상에 '권리'라는 이름을 붙여서 주장을 펼치는 경향이 있다. '권리'의 사용이 자신의 주장에 강력한 힘을 부여한다고 생각하지만 그것의 무절제한 사용은 오히려 권리 또는 인권을 사소한 것으로 만들 수 있는 소지가 있다. 권리의 근거에 관한 이 책의 철학적 탐색은 어떤 주체가 권리 또는 인권을 소유할 수 있는가, 그리고 어떤 대상에 대하여 우리가 권리를 가질 수 있는가를 결정하는 데 있어서 나침반 역할을 할 수 있을 것으로 생각한다.

2021년 8월 15일
광복절을 맞이하면서
조성민

# 목차

제1장

# 서론

권리에 대해 말할 때 대체로 우리는 먼저 법적인 권리를 떠올리게 된다. 사실 공리주의자인 Jeremy Bentham과 같은 실정법주의자들(legal positivists)은 법에서 인정된 권리 이외의 권리 즉 자연권이나 도덕적인 권리는 없다고 주장한다. 그러나 실제로 우리는 법 자체를 비판할 때 법으로부터 독립된 권리에 호소하여 그것을 비판한다. 법이 인간의 기본적인 권리를 보장하지 못할 때 그 법은 정의롭지 못하다고 우리는 말한다. 인간의 기본권은 그것의 지위에 영향을 주는 법 제정으로부터 초월해 있으며, 정부가 그것을 법체계 안에 수용하는 것과는 상관없이 존재한다고 사람들은 믿는다.

이 연구는 법에 의존하지 않는 기본적 인권의 근거를 마련하는 데 주로 관심을 둘 것이다. 그러나 이 주제는 철학적인 관심사 중의 하나일 뿐 아니라 기본적인 법적 또는 정치적인 문제들을 둘러싼 논쟁들을 실제로 해결하는 데 기여할 것으로 기대한다.

이 연구는 두 부분으로 구성되어 있다. 첫 번째 부분은 권리의 근거(정당화) 문제를 다루기 전에 명료화할 필요가 있는 몇 가지 개념적인 문제들을 다룰 것이다. 두 번째 부분은 권리에 대한 정당화 이론으로, 인간의 본성에 기초한 논증과 공리주의적 논증을 검토한 다음, Hohfeld의 권리 유형에 따른 계약론적 접근으로 권리의 근거를 확립하고, 그와 같이 확립된 권리의 구속력을 설명하려고 한다.

권리의 성격에 관한 두 가지 주요 이론인 선택이론(choice theory)과 이익이론(benefit theory)에 대한 검토부터 시작할 것이다. 이 이론들은 어떤 특징 즉 선택이나 이익에 의해 각각 권리를 설명한다. 두 이론은 권리들을 설명하는 이론으로는 만족스럽지 않다. 왜냐하면 잘 확립된 권리를 권리의 영역으로부터 배제하거나, 자격이 없는 사람에게 권리를 부여할 수 있기 때문이다. 따라서 권리의 성격을 탐색하는 대신에, 권리가 의무에 상응하는지 그리고 여러 유형의 권리들이 서로 어떻게 관련되는지를 검토하는 것이 더 유용할 것이다. 그러한 문제가 명확하게 설명되면 법적이거나 도덕적인 추론에서의 혼란을 피할 수 있을 뿐만 아니라 권리의 근거를 확립하는 데에도 도움을 줄 것이기 때문이다.

권리는 의무에 상응한다거나, 또는 의무 없는 권리는 없고 권리 없는 의무는 없다고 주장하는 경우가 있다. 권리와 의무의 상관성에 관한 이러한 주장이 타당하다면, 권리와 의무 중 어느 하나가 확립되는 경우 그에 따라 다른 것이 확립될 수 있을 것처럼 보인다. 그러나 권리와 의무의 엄격한 상관성은 타당하지 않다고 주장하는 사람들이 있다. 권리와 의무의 상관성과 관련된 논쟁은 부분적으로 그러한 주장이 정확하게 형식화되어 있지 못하는 데에도 그 원인이 있다. 그러한 논쟁은 또한 권리와 의무의 상관성에 관한 두 가지 가능한 해석, 즉 '논리적 상관성'과 '도덕적 상관성'의 혼동과도 연관되어 있다. '권리와 의무의 상관성'에 관한 논의에서 논리적 상관성과 도덕적 상관성은 그것들이 적절하게 형식화되는 경우에만 확립될 수 있다는 것을 주장할 것이다.

　이어서 권리들의 여러 의미 또는 유형과 그것들의 상호 관계에 대해 설명할 것이다. 우리는 '사생활권', '정당방위권', '국회의 입법권', '적법 절차 없이 재산을 박탈당하지 않을 권리' 등등에 대해 얘기한다. 이 경우 '권' 또는 '권리'(right)라는 하나의 단어가 다양한 개념을 함축하고 있기 때문에 종종 사고의 혼란을 야기한다는 것을 알게 될 것이다. 법적인 추론이나 사고는 이러한 다양한 종류의 권리를 주의 깊게 구별하지 못하면 결코 정확할 수 없다는 것을 깨닫게 해준 사람은 Wesley Hohfeld이다. 그는 권리를 네 가지 유형으로 구별하였다. 즉 엄격한 의미의 권리(요구권 claim-right), 자유(Hohfeld의 용법으로는 특권 privilege), 권한(power), 그리고 면제권(immunity)이 그것이다. 그는 이 권리들의 상호간 논리적 관계 또는 다른 기본적인 법적인 개념과의 관계를 설명하였다.

　기본적인 법적 개념들과 그것들의 논리적인 관계에 관한

Hohfeld의 주요 아이디어를 검토하는 것은 중요하다. 왜냐하면 '권리'와 그 유사 개념을 법적으로 사용할 때 발견할 수 있는 논리는 그 밖의 다른 권리들을 이해할 때 널리 적용할 수 있기 때문이다. Hohfeld는 권리들을 여러 유형으로 구별함으로써 복잡한 법적인 문제를 조명하는 것이 주요 목적이었지만, 그러한 구별은 본 연구의 목적인 권리의 근거 확립에도 도움이 될 것이다. 그러나 그의 구별에서 네 유형의 권리 중 하나인 자유(혹은 '특권')는 일면적 자유(unilateral liberty)로, 그 자체로는 기본적인 자유 즉, 언론, 집회, 종교 등의 자유를 설명하는 데에는 부적합하다. 따라서 양면적 자유(bilateral liberty)로서의 기본적 자유를 설명할 수 있도록 호펠드의 권리 유형에 입각하여 양면적 자유의 구조를 제시할 것이다. 권리의 근거를 확립하는 데 있어서 권리 유형 간의 구별, 특히 요구권(claim-rights)과 자유권(liberty-rights) 간의 구별이 요구된다.

권리의 근거에 관한 논의를 진행하기 전에 그것에 관한 두 가지 주요 이론들, 즉 인간 본성(human nature)으로부터의 논증과 공리주의적 논증을 살펴볼 것이다. 이 이론들은 권리와 의무에 대한 논의에서 중요한 영향력을 행사해왔다. 인간 본성으로부터의 논증은 인권(human rights)을 확립하는 데 성공하기 어렵다. 왜냐하면, 권리에 관한 진술은 어떤 사실(인간의 본성)에 관한 진술로부터 논리적으로 연역할 수 없기 때문이다. 인간 본성으로부터의 논증은 인권의 내용을 구성하는 어떤 특징을 확인하는 데 장점이 있기는 하지만, 개인이 어떤 종류의 권리를 소유한다는 것은 규칙의 체계에 의해 규제되는 사회에 소속되어 있다는 것을 전제한다는 사실을 무시하고 있다는 점에서 그 논증은 잘못이 있다.

공리주의, 특히 규칙 공리주의는 권리가 어떤 종류의 규칙으로부터 나온다고 주장한다. 공리주의는 대부분의 경우, 권리 이론이라기보다는 옳은 행위 혹은 의무에 관한 이론으로 발전되어 왔다. 공리주의자들은 의무 개념은 권리 개념보다 논리적으로 선행하고, 권리는 의무로 정의되거나 설명될 수 있다고 생각한다. '공리주의적 정당화'에 관한 논의에서 의무가 공리주의에 근거해서 확립될 수 있다 할지라도 권리는 의무로 설명될 수 없다는 것을 주장할 것이다. 그리고 권리는 사회적 효용성과 관련되지 않으며, 공리주의적 정당화가 가능하지 않다는 것을 설명할 것이다. 또한 공리주의적 규칙의 구속력과 관련하여 의문을 제기하고, 공리주의적 근거에 의해 확립된 규칙은 구속력이 없다는 것을 주장할 것이다.

사회계약에 의한 정당화는 두 부분으로 구성된다. 첫 번째 부분은 기본적인 권리가 확립되는 사회계약을 기술하고, 기본적인 자유는 사회계약의 단계에서 권리로서 인정된다는 것을 주장할 것이다. 그리고 기본적인 권리와 자유는 정부 권력으로부터 초월한다는 것을 주장할 것이다. 두 번째 부분에서는 현대 이론가들에 의해 제기되어온 자유와 권리에 관한 가장 논쟁적인 주제를 다루고, 앞에서 설명한 체계를 통해 그것들을 해결하려고 시도할 것이다.

사회계약은 가상적인 상황 혹은 자연의 상태에서 맺는 합의
이다. 그것은 사람들이 실제로 맺는 계약이 아니며, 어떤 상황
이 주어지는 경우 맺는 가상적인 계약이다. 실제적인 계약에서
인정하는 구속력을 사회계약에서는 인정할 수 없다고 주장하
는 사람이 있다. 먼저 롤스적인 사회계약을 검토하고 그것의
구속력과 관련하여 가해지는 비판은 우리가 제시한 사회계약
에는 적용될 수 없다는 것을 주장할 것이다. 우리의 사회계약
은 가상적이긴 하지만 실제적인 계약과 마찬가지로 구속력이
있다는 것을 주장할 것이다.

# 제2장

# 권리 개념의 분석

# 1

# 선택인가 이익인가

권리 이론은 권리의 성격에 따라 두 진영으로 나누어진다. 선택(혹은 의지)이론과 이익이론이 그것이다. 선택이론(choice theory)에 의하면, 권리를 갖는 것은 특정 관계에서 특정 주제와 관련하여 다른 사람에 대한 통제력을 갖는 것이다. 선택이론에 따르면 권리의 주체는 다른 사람의 상응하는 의무를 포기, 소멸, 집행, 유예할 수 있는 선택이 있다.[1] 이에 반해 이익이론(benefit theory)에 의하면, 권리를 갖는다는 것은 다른 사람의 의무 이행에 따른 수익자가 된다는 것을 의미한다.[2]

한 이론을 따를 경우 어떤 주체가 권리를 갖지 않지만 다른 이론을 따를 경우에는 가질 수도 있다. 선택이론을 따르면 영

---

1) H. L. A. Hart, "Bentham on Legal Rights", in D. Lyons(ed.), *Rights* (California; Wadsworth, 1979), pp. 141, 144-145.

2) D. Lyons, "Rights, Claimants, and Beneficiaries", in Lyons(ed.), *Rights*(California; Wadsworth, 1979), p. 58. 이익이론은 원래 Bentham이 제시한 것인데, Lyons가 수정하였다.

아는 양육 받을 권리(right to nurture)를 갖는다고 말할 수 없을 것이다. 왜냐하면 영아는 부모의 양육 의무를 포기하거나 집행할 수 있는 법적이거나 도덕적인 힘이 없기 때문이다. 선택이론에 의하면 영아는 양육 '받아야' 하거나 부모가 그를 양육할 '의무'가 있다고 말할 수 있지만, 영아가 '양육 받을 권리'가 있다고 말하는 것은 '권리'라는 표현을 공허하게 사용하고 있는 것이다.[3] 그러나 이익이론을 따르면 영아는 양육 받을 권리가 있다고 말할 수 있다. 왜냐하면 영아는 부모의 양육 의무 이행에 따른 수익자이기 때문이다.

이와 같은 두 이론의 모순적인 결과는 둘 중 적어도 어느 하나는 권리를 설명하는 데 적절하지 못하다는 것을 암시하고 있다. 두 이론은 어떤 규정적 특성(defining characteristics) 즉 선택과 이익이라는 특성으로 권리를 설명하려고 하지만, 그러한 시도는 권리에 대한 완전한 설명이 되지 못한다.

Hart에 의해 정교화된 선택이론에 의하면, 개인이 권리를 갖는다는 것은 다른 사람의 (상응하는) 의무에 대한 배타적인 통제력을 지니고 있기 때문에, "그 의무가 정한 행동 영역에서 권리를 지닌 사람은 의무를 이행하는 사람에 대한 소규모의 주권자(small-scale sovereign)"라는 것을 의미한다.[4] Hart에 의하면, 권리 소유자의 완전한 통제력은 세 가지 요소로 구성된다.

---

3) H. L. A. Hart, "Are There Any Natural Rights?" in D. Lyons(ed.), 상게서, p. 18.
4) Hart, "Bentham on Legal Rights", in D. Lyons(ed.), 상게서, p. 141.

(i) 권리 소유자는 (의무 이행자의) 의무를 포기하거나 소멸 또는 유지할 수 있다. (ii) 의무 이행자가 의무를 어기거나 어기려고 위협할 때, 권리 소유자는 그것을 배상하도록 고소하거나 혹은 어떤 상황에서는 차후의 계속되는 의무 불이행의 자제를 유도하기 위한 명령 또는 강제 명령을 내리도록 고소함으로써 '집행'(enforce)하거나, 아니면 그것을 집행하지 않은 채 유보할 수 있다. 그리고 (iii) 권리 소유자는 의무 불이행으로 인한 배상 의무를 포기하거나 소멸시킬 수 있다.[5]

민법은 권리 소유자가 상응하는 의무를 지닌 사람에게 완전한 통제력을 가질 수 있는 전형적인 경우이다.[6] 만약 선택이론이 위에 기술된 것처럼 이해된다면, 권리의 이름으로 형법을 설명하는 것은 불가능한 것처럼 보인다. 왜냐하면 "형법으로 보호받는 사람은 그 의무로부터 어떤 사람을 방면할 수 있는 힘이 없기 때문이다."[7] 이에 대해 Hart는 예컨대, "사람은 다른 사람을 죽이거나 폭행하거나 도둑질해서는 안 되는 의무가 있다."라는 진술을 "개인은 살인이나 폭행 또는 절도를 당하지 않을 권리를 갖는다."라는 진술로 번역하거나, 혹은 "사람이 살인을 당할 때 살인 당하지 않을 권리가 침해되었다고 말함으로써 의미나 명료성의 측면에서 나아질 것은 아무것도 없다."라

---

5) 상게서, p. 141.

6) Hart에 의하면, 선택이론은 의무에 상응하는 권리(요구권) 뿐만 아니라, 다른 유형의 권리 즉 자유권(예컨대, 이웃집을 바라다 볼 수 있는 권리)과 권한(예를 들면, 재산을 양도할 수 있는 권리)에도 적용될 수 있다(상게서, pp. 144-145).

7) 상게서, p. 141.

고 주장한다.[8] Hart는 형법상의 '의무'를 '권리' 용어로 번역하는 것은 불필요한 일이라고 주장한다.

만약 형법의 목적이 범죄 행위를 억제하고 그러한 행위를 저지른 사람을 처벌하는 것이라면, 형법을 어길 경우 벌이 수반되는 의무의 용어로 그것을 설명하는 것은 자연스러운 것처럼 보인다. 그렇다 할지라도, 형법은 개인에게 생명권이나 신체안전권(a right to security of person)과 같은 권리들을 보호해준다고 말할 수 있다. 형법에 의해 보호받는 생명권이나 신체안전권은 개인의 선택 문제가 아니라 인간의 복지에 필수적인 기본적인 필요 욕구(needs)와 관련된다. 법은 그러한 필요 욕구를 어느 정도 충족시키느냐에 의해 평가된다.[9] 이렇게 넓은 관점에서 법을 볼 때, "살인이나 폭행을 금하는 법이 생명권과 신체안전권을 보장하는 것으로 고려되고 기술되는 것은 적절하다."라고 Hart는 인정한다.[10] 개인 선택의 개념은 그러한 기본권을 설명하는 데에는 협소한 개념이다. Hart는 권리를 개인 선택의 개념으로 설명하는 일반 이론은 "한 수준, 즉 '일상적인' 법의 운용에 관심을 두는 법률가의 수준에서만 만족스러운 이론"이라는 것을 인정한다.[11] 선택이론은 규정적 특성으로 어떤 개념을 설명하려고 시도하는 일반 이론의 한계를 지닐 수밖에 없다. 즉 그것은 선택의 개념으로 전체적인 권리를 설명해

8) 상게서, p. 140.
9) 상게서, p. pp. 147-148.
10) 상게서, p. 148.
11) 상게서, p. 148.

주지 못한다는 한계가 있다.

　이익이론도 똑같은 비판을 받을 수 있다. 이익이론에 의하면 권리를 갖는다는 것은 의무 이행의 수익자일 뿐이라는 것을 의미한다. 이익이론에 의하면 권리를 지닌 사람은 단순히 의무의 이행으로 '이익을 얻을 사람' 혹은 '이익을 얻을 수 있는 사람'이다.12) 내가 생명권을 갖는다는 것은 다른 사람이 나를 죽여서는 안 되는 의무를 이행함으로써 내가 이익을 얻게 된다는 것을 의미한다. 개인이 권리를 갖는지를 결정하려면 그가 다른 사람의 의무 이행으로 인한 수익자인가를 아는 것만으로 충분하다. 만약 이익이론이 수용된다면, 우리에게 더 친근한 '이익'이나 '의무'로 권리를 정당화하는 것이 가능할 것이다. 그러나 이익이론은 피할 수 없는 반론에 직면한다. 갑이 을에게 십만 원을 빚지고 있다고 가정해보자. 그리고 을은 그 돈을 받을 경우 그리고 그 경우에만 병에게 개인적으로 그 돈으로 선물을 사주기로 결정했다고 가정해보자. 을은 병에게 빚지고 있지 않고 그에게 어떤 것을 주기로 약속한 적도 없지만, 이익이론에 의하면 병은 을과 마찬가지로 권리를 갖는다. 왜냐하면 병은 갑의 의무 이행으로부터 '이익을 얻게 되기' 때문이다. 병은 을보다 더 많은 이익을 얻게 된다고 말할 수 있을지 모른다. 그러나 병이 갑의 의무 이행과 관련된 권리를 갖는다고 생각하는 것은 불합리하다.13)

---

12) D. Lyons, "Rights, Claimants, and Beneficiaries", in Lyons(ed.), *Rights*(California; Wadsworth, 1979), p. 62.

13) 상게서, p. 62.

만약 이익이론이 그럴듯하게 보이려면 '수익자'의 개념이 어떤 방식으로 제한되어야 한다. 권리를 갖는 사람은 다른 사람의 의무 이행으로 인한 수익자일 뿐 아니라 그 의무 이행의 직접적이며 의도된 수익자이어야 한다. 갑의 의무는 을에게 직접 관련되어 있다. 즉 그것은 을을 어떤 방식으로 대우하거나 그에게 어떤 방식으로 행동하도록 요구하지만 병에게는 그와 같은 방식으로 관련되지는 않는다. 왜냐하면 병을 향한 갑의 행동은 갑이 그의 의무를 이행했느냐 안 했느냐의 문제와는 관련성이 없기 때문이다.[14] 만약 이익이론이 그와 같은 방식으로 제한된다면 병은 갑의 의무 이행과 관련된 권리를 갖지 않을 것이다. 왜냐하면 그는 갑의 의무 이행으로 인한 직접적이며 의도된 수익자가 아니기 때문이다.

이처럼 제한된 이익이론은 제한받지 않은 이익이론보다 더 그럴듯해 보인다. 그러나 그 이론도 여전히 반박의 여지가 있다. 제삼자 수익자의 경우를 생각해보자. 약속은 그것이 타당하고 구속력이 있을 때 약속 받은 사람에게 권리를 그리고 약속한 사람에게는 의무를 생성시킨다. 약속 받은 사람은 대체로 약속의 이행으로부터 이익을 얻게 된다. 그러나 약속이 제삼자(합의 당사자가 아닌 사람)에게 이익이 가도록 이루어질 때, 약속 받은 사람은 직접이며 의도된 수익자가 아닐지라도 권리를 획득한다. 예를 들어 갑의 연로한 어머니를 그의 부재중에 친구인 을이 돌볼 것을 갑에게 약속했다고 가정해보자. 을은 갑

---

14) 상게서, p. 63.

에게 약속을 한 것이기 때문에, 갑의 어머니가 아니라 갑이 직접적이며 의도된 수익자가 아닐지라도 을에 대하여 권리를 갖는다.[15] 이에 반해 제한된 이익이론에 의하면 어머니가 의무 이행의 직접적이며 의도된 수익자이기 때문에 권리를 갖는다.[16] 그러나 이 경우 갑이 친구인 을에 대하여 그의 어머니와 **관련하여** 권리를 갖는다고 말하는 것이 더 적절하다. 왜냐하면 을은 갑에게 약속을 했고 그 약속은 어머니와 관련하여 한 것이며 어머니**에게** 한 것이 아니기 때문이다.[17] 물론 "친구의 의무를 언급할 때는 그 의무의 이행으로 인해 이익을 얻게 되는 어머니를 필수적으로 언급하게 된다."[18] 그렇다 하더라도 어머니가 아들의 친구에 대해 권리를 갖는다는 것으로 귀결되지는

---

15) Hart는 제삼자 수익자의 경우를 들어 이익이론을 반박한다. 그러나 그의 논증은 주로 그의 선택이론이나 혹은 법적인 관행의 실제적인 사실에 의존하고 있다. 그는 다음과 같이 말한다. "많은 관할구역(jurisdiction)에서 제삼자의 이익을 위해 분명히 맺어진 계약 즉 제삼자에게 일정액의 금전을 지불하도록 두 사람 간에 맺어진 계약은 제삼자가 집행할 수 없으며 그가 의무를 포기하거나 면제할 수 없다. 그러한 경우 제삼자는 직접적인 수익자이다. 왜냐하면 계약 위반의 경우 그에게 직접적인 해가 되기 때문이다. 그러나 그는 의무에 대한 법적인 통제력이 없으며 따라서 어떠한 법적인 권리도 없다. 이에 반해 적절한 통제력을 지니는 계약 당사자는 계약 이행으로부터 이익을 얻도록 의도된 사람이 아니라 할지라도 법적인 권리를 지닌다." H. L. A. Hart, 상게서, p. 144.

16) Lyons는 갑도 권리를 갖는다는 것을 인정한다. 왜냐하면 약속 받은 사람으로서 갑은 을의 의무 이행이 그에게 '선을 확보해준다'(assure a good)라는 의미에서 제한된 '수익자'이기 때문에 권리를 가질 수 있다는 것을 인정한다. D. Lyons, 상게서, pp. 73-75.

17) M. G. Singer, "The Basis of Rights and Duties", in *Philosophical Studies*, 23 (1972), p. 50 그리고 J. Feinberg, *Rights, Justice, and the Bounds of Liberty*, p. 132 참조.

18) D. Lyons, 상게서, p. 72.

않는다. 어머니에 대한 언급은 단지 친구의 의무 또는 아들의 권리의 **내용**을 지시하고 있을 뿐이다.

위와 똑같은 논리적 관계를 갖는 경우로, 약속한 사람, 약속받은 사람 그리고 제삼자 수익자가 관련되는 또 다른 경우를 생각해보자. 갑이 을의 부재중에 을의 가축을 돌보겠다고 약속한다고 가정해보자. 가축은 의무 이행의 직접적인 의도된 수익자이며, 이익이론에 의하면 권리를 갖는 것으로 생각될 수 있다. 을의 정원에 있는 나무를 돌보기로 약속한 경우에도 똑같은 말을 할 수 있다. 그러나 가축이나 나무가 권리를 갖는다고 말하는 것은 불합리하다. 그것들이 단지 권리를 지닐 수 없기 때문만이 아니라 관련된 맥락에서 권리의 주체가 될 수 있는 위치에 있지 않기 때문이다. 약속은 을에게 한 것이며, 가축이나 나무에 한 것이 아니다. 가축이나 나무와 관련하여 을이 갑에 대해 권리를 갖는다고 말하는 것이 정확하다. 다시 말해 갑이 가축이나 나무를 돌보는 것과 관련하여 을이 갑에 대해 권리를 갖는다. 언급된 가축이나 나무는 관련된 권리의 주체가 아니라 을의 권리를 구성하는 대상 즉 내용이다.

전자의 경우에 수익자는 인간인 반면에 후자의 경우에는 인간이 아니기 때문에, 어머니는 권리를 지니지만 가축이나 나무는 그렇지 않다고 주장할지 모른다. 그러나 권리의 주체가 인간이냐 아니냐는, 그것이 의무의 직접적이며 의도된 수익자인 한, 이익이론에서 중요한 것이 아니다. 이익이론에서는 '무엇이 권리 주체가 될 수 있는가'라는 점에서는 인간과 비인간을 차별할 근거가 없다.

지금까지 제삼자 수익자의 경우를 검토함으로써 개인이 의무의 직접적이며 의도된 수익자라는 사실로부터 그가 권리를 갖는다는 것이 반드시 귀결되지 않는다는 것을 보여주려고 하였다. 그러나 이 말은 제삼자 수익자가 어느 상황에서나 권리를 지닐 수 없다는 것을 암시하지는 않는다. 부인이나 자녀가 수익자로 지정된 생명보험은 제삼자가 권리를 갖는 대표적인 경우일 것이다. 만약 어떤 사람이 자기의 보험 증권에서 부인이나 자녀를 수익자로 지정한다면, 그 사람과 지정된 수익자 양쪽 모두가 수익자로서의 보험금 수령 권리를 갖는다고 말할 수 있다. 그 사람이 죽은 후에도 보험회사는 수익자에게 보험금을 지급해야 할 **의무를 그(죽은 사람)에게 지고 있다.**[19) 생명보험 증권의 제삼자 수익자와 앞의 두 경우에서의 제삼자 수익자 간에는 어떤 차이가 있을까? 생명보험의 경우에는 두 당사자가 지정된 제삼자에게 보험금 수령 권리와 계약을 집행할 수 있는 권한을 부여할 수 있도록 계약을 맺는다. 계약에 따라 보험회사는 **수익자(그리고 보험계약자)에게** 보험금을 지급할 의무가 있고, 수익자는 보험회사에 대해 권리가 있다. 그러나 갑의 친구가 그의 어머니를 돌보는 경우에는 친구가 **갑에게** (그의 어머니에게가 아니라) 그의 어머니를 돌보는 것과 관련하여 의무를 지니고 있다. 그리고 갑이 (그의 어머니가 아니라) 친구

---

19) H, Feinberg, "The Nature and Value of Rights", in D. Lyons (ed.), *Rights* (California: Wadsworth, 1979) p. 131.

에 대해 그 일과 관련된 권리를 갖는다. 만약 갑과 그의 친구가 합의를 해서 그의 어머니가 친구에게 요구할 수 있는 권리를 부여하고 그 합의를 집행할 수 있도록 한다면 어떻게 될까? 그럴 경우에는 위에서와 마찬가지 이유로 어머니는 그 친구에 대하여 권리를 갖는다고 볼 수 있다. 다시 말해, 합의에 따라 친구는 어머니에게 (그리고 아들에게도) 의무를 지니며, 어머니는 친구에 대해 권리를 갖는 것이다.

(제한된) 이익이론이 지니는 또 다른 문제는, Lyons가 인정한 바와 같이, '정치적 의무' 즉 어떤 사회적 규칙에 따라야 할 의무에 상응하는 도덕적 권리들을 설명할 수 없다는 점이다. Hart에 의하면, 이러한 권리와 의무들은 다음과 같은 상황에서 발생한다.

> 많은 사람들이 규칙에 따라 어떤 공동의 기획을 수행하면서 그들의 자유를 제한할 때, 자유의 제한이 요구되는 상황에서 그러한 제한 사항을 준수하는 사람은 그러한 제한으로 이미 이익을 얻은 사람에게 유사한 준수를 요구할 권리가 있다. 규칙들은 관리들이 (구성원들에게) 복종을 강요하고 추가적인 규칙을 만들 수 있는 권한을 갖도록 규정할지 모른다. 그리고 이것이 법적인 권리와 의무의 구조를 생성할 것이다. 그러나 그러한 상황에서 규칙들을 준수할 도덕적 의무는 사회의 협동적인 구성원들에게 행해야 할 의무이며, 그리고 이들은 (다른 구성원에게) 규칙의 준수를 요구할 수 있는 상응하는 도덕적 권리를 갖는다.[20]

---

20) H. L. A. Hart, "Are There Any Natural Rights?" in D. Lyons(ed.), *Rights* (California; Wadsworth, 1979), p. 21.

규칙이 부과하는 의무들과 그러한 의무를 준수해야 할 도덕적 의무는 제한된 의미에서의 이익을 주는 것이 아니다. 즉 그러한 의무의 이행이 직접적이며 의도된 수익자를 수반하는 것이 아니다. 그러한 규칙을 한 번 위반하는 것으로 인해 어떤 사람이 직접 손실을 보았다고 말하기는 어렵다. 그러한 규칙들이 요구하는 의무의 이행은 상응하는 권리를 갖는 사람의 이익에 직접 기여하지는 않는다. 어떤 종류의 사회적 규칙, 예컨대 교통법규가 확립되어 있을 때 사람은 그러한 규칙을 준수해야 할 도덕적 의무가 있으며, 다른 사람은 그가 그러한 규칙을 준수하도록 요구할 권리가 있다. 그런데 제한된 이익이론은 그러한 권리를 설명할 수 없다. 왜냐하면 문제의 법적 의무는 직접적이며 의도적으로 이익을 주는 것이 아니라 단지 유용할 뿐이고 따라서 상응하는 권리가 없으며, 마찬가지의 주장이 그러한 규칙을 준수해야 할 도덕적 의무에도 타당하기 때문이다.[21]

지금까지 선택이론과 이익이론은 둘 다 권리의 특성을 제시하는 데 성공하기 어렵다는 점을 설명하였다. 권리의 성격을 탐색하는 대신, 권리가 의무에 상응하는지 혹은 여러 유형의

---

[21] D. Lyons, "Rights, Claimants, and Beneficiaries", 상게서, 1979, p. 76. Lyons 는 '유용한'(useful) 의무와 '유익한'(beneficial) 의무를 구별한다. 소득세 납부, 병역을 요구하는 규칙들은 단지 유용한 의무를 부과한다. 궁극적으로 개인들에게 돌아올 수 있는 의도된 이익들이 그러한 의무들을 이행함으로써 발생하지는 않지만, 그러한 의무를 어길 경우 해로운 결과가 나온다 할지라도 직접 영향을 주지 않는다. 그러나 살인이나 폭행을 금하는 규칙들은 유익한 의무를 부과한다. 그것들이 부과하는 의무는 직접 개인의 이익을 확보, 증진, 보호하도록 되어 있다. 단순히 유용한 의무는 제한된 의미에서의 직접적인 수익자를 수반하는 것이 아니다. 권리는 단지 유용한 의무가 아니라 유익한 의무에 상응한다. (상게서, pp. 67-69)

권리들이 어떻게 서로 관련되는지를 검토하는 것이 더 유익할 것이다. 왜냐하면 그러한 문제를 해명하는 것이 법적이거나 도덕적인 추론을 둘러싼 혼란들을 피할 수 있을 뿐 아니라 권리의 근거를 확립하는 데에도 도움을 줄 것이기 때문이다. 따라서 다음에는 권리와 의무의 상관성에 관해 논의한 후, 여러 유형의 권리들 간의 관계를 명료화해주는 Hohfeld의 권리 구조를 검토하려고 한다.

**2**

# 권리와 의무의 상관성
## (The Correlativity of Rights and Duties)

권리와 의무는 상응하는 관계(상관성)를 갖는다거나, 혹은 의무 없는 권리는 없고 권리 없는 의무는 없다고 주장하는 경우가 있다. 그러나 권리와 의무의 엄격한 상관성은 성립하지 않는다고 주장하는 사람도 있다. 권리와 의무의 상관성을 둘러싼 논쟁은 그 명제를 정확하게 형식화하지 못하기 때문에 일어나는 측면도 있다. 권리와 의무의 상관성 명제는 적절히 형식화할 경우 확립될 수 있다.

권리와 의무의 상관성은 다음과 같이 두 가지 형식으로 기술될 수 있다.[22)]

---

[22)] 권리와 의무의 상관성을 두 가지 형식으로 구분한 것에 대해서는, W. D. Ross, *The Right and The Good*(1930), p. 48; S. I. Benn and R. S. Peters, *Social Principles and the Democratic State*(1959), p. 89; J. Feinberg, *Social Philosophy*(1973), pp. 61-62 참조. 권리와 의무의 상관성은 Ross가 형식화한 것이다. 그러나 Ross는 다른 사람과 달리 '도덕적인' 상관성과 '논리적인' 상관성의 개념을 사용하지 않았다.

(1)  a) X의 Y에 대한 권리는 X의 Y에 대한 의무를 함축하고,

    b) X의 Y에 대한 의무는 X의 Y에 대한 권리를 함축한다.

(2)  c) X의 Y에 대한 권리는 Y의 X에 대한 의무를 함축하고,

    d) Y의 X에 대한 의무는 X의 Y에 대한 권리를 함축한다.

(1)의 경우에는 문제 되는 권리와 의무가 동일인에게 귀속된
다. 명제 (a)는 어떤 권리를 갖는다는 것은 도덕적으로 그에 상
응하는 의무를 함축하고, 명제 (b)는 그 역을 주장한다. 명제
(a)와 (b)는 함께 '도덕적' 상관성을 형성하는데, 이 상관성은
(2)에서 형식화된 권리와 의무의 '논리적' 혹은 '개념적' 상관성
과 구별된다. '논리적' 상관성은 한 사람에게 권리를 귀속하는
것은 다른 사람에게 의무가 있다는 것을 '논리적'으로 함축하
며, 그 역도 타당하다는 것을 주장한다.

　도덕적 상관성에서 권리와 의무의 내용은 같은 종류의 행위
(예컨대, 진실을 들을 권리와 진실을 말할 의무가 상호 함축적
인 관계인 것처럼)이거나 다른 종류의 행위(예컨대, 법 준수를
요구할 권리와 정치를 잘 할 의무가 상호 함축적인 관계인 것
처럼)이다. 그러나 논리적 상관성에서는 권리와 의무의 내용은
동일하며, 서로 다른 사람에게 귀속된다.[23] 권리와 의무의 내
용이 같은 경우 도덕적 상관성과 논리적 상관성을 도식화하면
다음과 같다(화살표는 함축을 의미한다.).

---

23) W. D. Ross, 상게서. p. 48.

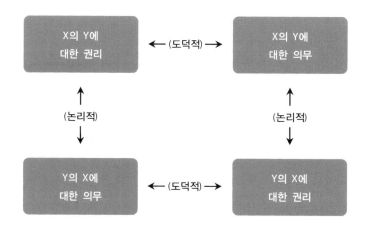

## 1) 권리와 의무의 도덕적 상관성(moral correlativity)

각 요소 명제가 타당성이 있는지, 우선 도덕적 상관성부터 검토해보기로 한다. 첫 번째 명제 (a) "X의 Y에 대한 권리는 X의 Y에 대한 의무를 함축한다."라는 명제는 논리적으로 필연적인 명제는 아니다.[24] X가 Y에 대하여 어떤 것에 대한 권리를 갖지만 Y에 대해 상응하는 의무를 갖지 않는 것을 상상할 수

---

24) W. D. Ross는 다음과 같이 말한다. "무엇보다 이 명제가 권리와 의무의 상 관성을 주장했던 사람이 제시한 명제이다. 그것은 인간이 의무가 없는 자연의 상태에서 '자연권'을 갖는다는 믿음에 반대하여 주장한 것이다."(Ross, 1930, 상게서, p. 54) 그러나 그 명제가 그럴듯해 보이지만 여러 가지 유형의 권리들을 구별하게 되면, 인간이 의무가 없는 자연의 상태에서 '자연권'을 갖는다는 믿음에 대한 효과적인 공격으로 제시될 수 없다. 왜냐하면 여기서 언급된 '권리'는 나중에 논의하겠지만, 호펠드의 권리 구조에서 소위 '자유권'으로 해석될 수 있기 때문이다. 그 경우에 우리가 자연권(자유권)을 갖는다고 말하는 것은 단지 우리에게 의무가 없다는 것을 말하는 것을 의미한다.

있다. 그 명제가 주장하는 것은, 만약 X가 Y에 대한 권리를 갖는다면 X는 필연적으로가 아니라 도덕적으로 Y에 대하여 상응하는 의무를 져야 한다는 것이다. 예를 들면, 만약 내가 생명권을 갖는다면 나는 다른 사람에 대하여 그를 죽여서는 안 되는 상응하는 의무를 갖는다. 거꾸로 말하면, 만약 내가 다른 사람을 죽여서는 안 될 의무가 없다면 (죽일 수 있는 자유가 있다면) 나는 다른 사람에 대해서 주장할 수 있는 나의 생명권도 없는 셈이다. 이러한 상관성은 필연적이거나 논리적 관계가 아니다. 왜냐하면 내가 다른 사람에 대하여 그를 죽여서는 안 될 의무는 없지만 나는 다른 사람에 대하여 나의 생명권이 있다는 것을 생각하는 것은 가능하기 때문이다. 군주가 자신의 신민들에게 어떠한 의무도 없지만 오로지 권리만 있는 '군주의 권리독점'을 생각해 볼 수 있다.[25] 여기서 상관관계가 있다면 그것은 도덕적 상관관계이다.

이와 같은 도덕적 상관성은 다른 형태의 가능한 해석, 즉 사람의 권리는 다른 사람에 대한 상응하는 의무의 **이행**에 의존한다는 입장과 구별되어야 한다. 이 입장은 사람이 의무를 이행하지 않으면 그에 상응하는 권리도 박탈된다는 것을 말하는 것과 같다. 그러나 자신의 의무 예컨대, 무고한 사람에 대한 살생금지의 의무를 이행하지 않았다고 해서 필연적으로나 도덕적으로 그의 생명권이 박탈된다는 것을 의미하지 않는다. 만약

---

25) J. Feinberg, "The Nature and Value of Rights" in D. Lyons(ed.), *Rights* (California; Wadsworth, 1979) pp. 80, 82. 비록 군주가 신(God)에 대한 의무가 있을지 모르지만 그의 신민(subjects)에 대한 의무는 없을 수도 있다.

어떤 사람이 다른 사람을 살해하더라도, 그가 살해되어야 한다는 것이 귀결되지 않는다. 다른 예를 든다면, 만약 X가 Y에게 거짓말을 한다 해도(X가 Y에게 거짓말 금지 의무를 이행하지 않는다 해도) Y는 X에게 거짓말하는 것이 정당화되는 것이 아니다(X는 Y로부터 속임을 당하지 않을 권리를 잃는 것이 아니다.).[26]

이제 도덕적 상관성의 첫 번째 부분에서 직면할 수 있는 난점에 대해 생각해보자. 영아나 저능아는 어떤 권리를 갖지만 그들이 상응하는 의무를 질 수 없다고 주장할 수 있다. 영아나 저능아는 예컨대 부모나 사회의 다른 구성원으로부터 보살핌을 받을 권리를 갖지만, 그들의 부모나 보호자에 대한 준수 의무를 지는 것은 아니다. 왜냐하면 그들은 의무를 지닐 수 있는 능력이 없기 때문이다.[27] 앞에서 우리가 주목한 것처럼, 도덕적 상관성에서 권리에 상응하는 의무는 다른 종류의 행위이거나 또는 같은 종류의 행위일 수 있다. 후자의 경우에 주목할 경우, 영아나 저능아가 그들의 부모나 보호자에 대하여 보살핌을 받을 권리를 갖는다면 그들은 또한 부모나 보호자를 보살펴

---

26) Feinberg는 도덕적 상관성의 두 가지 가능한 해석을 서로 혼동하고 있는 것처럼 보인다(J. Feinberg, *Social Philosophy*, pp. 61-62 참조).

27) J. Feinberg, *Social Philosophy*, pp. 61-62; S. I. Benn and R. S. Peters, *Social Principles and the Democratic State*, pp. 78-84; J. Hospers, *Human Conduct* (1982), p. 245 참조. Hospers는 예를 들면 다음과 같이 주장한다. "의무를 갖지 않으면서 권리를 가질 수 있다. 영아는 자신이 스스로를 돌볼 수 있을 때까지 보살핌을 받을 권리를 갖는다. 이는 다른 사람(부모)이 그들을 돌볼 의무를 갖지만, 이는 영아가 의무를 갖는다는 것을 의미하지는 않는다. 영아는 의무 개념을 지니지 못하며, 그것을 이행할 수 있는 능력은 더더욱 갖지 못한다."

야 할 의무를 갖는다. 이 명제는 그 자체로서는 불합리하다. 왜 냐하면 그들이 자신들의 부모나 보호자를 보살피는 것은 앞에 서의 논의를 고려한다면 불가능하기 때문이다. 그러나 문제의 명제는 사실상 "영아나 저능아가 그들의 부모나 보호자로부터 보살핌을 받을 권리를 갖는다면 **그들이 성장하거나 정상적인 정신상태를 지니게 되는 경우에** 그들의 부모나 보호자를 돌보아야 할 의무를 갖는다."라는 완전한 진술의 생략형이다.[28] 권리와 의무에 관한 많은 (아마도 대부분의) 진술은 생략된 진술이다. 예를 들면 "모든 시민은 교육을 받을 권리가 있다."라는 진술은 "모든 시민은 **필요한 경우에** 교육을 받을 권리가 있다." 라는 진술의 생략적인 진술이다. 어떤 시민은 요구되는 교육을 받았고 그것을 더 이상 필요로 하지 않는다는 사실이 생략적인 진술을 거짓된 진술로 만들지는 않는다. 의무에 관해서도 똑같은 말을 할 수 있다. 영아와 저능아의 경우를 다시 생각해보면, 그들이 불행하게도 성장하지 못하고 정상 정신상태로 돌아오지 못한다 할지라도, "영아나 저능아가 그들의 부모나 보호자로부터 보살핌을 받을 권리를 갖는다면 **그들의 부모나 보호자를 돌보아야 할 의무를 갖는다.**"라는 생략적인 진술이 거짓된

---

28) Alan Gewirth도 이러한 생각에 동의하고 있는 것처럼 보인다. 그는 "미래에 행위를 할 수 있는 어떤 행위자가 (현재) 다른 사람의 빈곤 상태를 구제할 수 없다는 사실이 그가 도움이 필요할 때 구제받을 권리가 있다는 사실을, 그리고 그가 능력이 있고 관련된 조건이 충족될 때 (다른 사람을) 구제해야 할 의무가 있다는 사실을 부정하기 어렵다."라고 말한다. "The Basis and Contents of Human Rights", in J. R. Pennock, et.al.(eds.) *Human Rights:* Nomos XXIII (New York University Press, 1981), p. 144.

진술이 되는 것은 아니다. 지금까지 도덕적 상관성의 첫 번째 명제가 직면할 수 있는 난점에 대해 해명하였다.

"Y에 대한 X의 의무는 Y에 대한 X의 권리를 함축한다."라는 두 번째 명제(b)도 논리적 필연성을 주장하는 명제가 아니다. 왜냐하면 사람들이 의무는 갖지만 권리를 갖지 않은 세계, 예컨대 Feinberg의 '노웨어스빌'(Nowheresville)을 우리는 상상할 수 있기 때문이다.[29] 그 명제(b)는 만약 사람이 다른 사람들에 대하여 의무를 갖는다면 그는 그들에 대하여 **도덕적으로** 상응하는 권리를 가져야 한다는 것을 주장한다. 예를 들면, 만약 내가 다른 사람에 대해 살해해서는 안 되는 의무가 있다면 나는 또한 그들로부터 살해당하지 않을 상응하는 권리가 있다. 그러나 Ross는 도덕적 상관성에서 의무로부터 권리로의 함축은 타당하지 않다고 주장한다. 그는 우리가 동물에 대한 의무를 지닐지라도 동물들에 대해 우리가 요구할 수 있는 권리는 없다고 주장한다.[30] 그러나 우리는 은유적인 의미라면 몰라도, 동물에 **대한** 의무를 지닌다고 말할 수는 없다. 은유적인 의미로 우리는 예컨대 역사적 건물의 소유주는 건물에 대한 의무를 갖는다고 말할 수는 있을 것이다. 그러나 역사적 건물의 소유주는 그것을 돌볼 의무를 질 수 있지만, 이로부터 그가 그 건물에 **대한** 의무를 갖는다는 것이 귀결되지 않는다. Ross는 우리가 의무를 이행하는 대상은 '감정을 갖는 의식적인 존재'이어야 한

---

29) J. Feinberg, "The Nature and Value of Rights", 상게서, pp. 78-84.
30) W. D. Ross, 전게서, p. 48.

다는 것을 가정하고 있다.31) 역사적 건물은 은유적인 의미라면 몰라도, 의식적인 존재가 아니기 때문에 의무 이행의 대상이 아니지만 동물은 의무 이행의 대상이 될 수 있다고 그는 본다. 그러나 의식적 존재라는 사실이 어떤 실체가 의무 이행의 대상이 되기 위한 필요조건은 아닌 것처럼 보인다. 우리는 종종 의식이 없는 사람이 계속적인 치료를 받을 권리를 갖는다거나 심지어 죽은 사람이 그의 권리를 행사할 수 없을지라도 권리를 갖는다고 말한다. 우리는 동물에 **대하여** 어떤 의무를 갖는다고 말하는 대신, 단순히 **어떤 방식으로** 동물을 대우해야 할 의무를 갖는다고 말하는 것이 좋을 것이다. 그러나 이로부터 우리가 동물에 **대한** 의무를 갖는다는 것이 귀결되지 않는다.

그러나 우리가 동물에 **대하여**, 특히 개나 가축에 대하여 의무를 갖는다고 가정해보자. 가축은 야생동물과 달리 인간과 사회적 관계를 갖는다. 가축의 소유주가 그것을 자기 가족의 일원으로 받아들인다면 학대를 금하는 의무뿐만 아니라 먹이고 건강을 돌보아야 할 의무 등, 가축에 대한 의무를 지닌다고 말할 수 있다. 만약 동물에 대한 그와 같은 의무를 지닌다면 가축 소유주는 또한 개나 가축이 지정된 장소에 배설할 것을 요구할 권리를 가질 수도 있다. 그는 가축이 그러한 요구에 반응할 수 있는 능력이 있다고 가정하기 때문에 가축에 대해 그와 같은 권리를 주장할지 모른다. 그러나 우리는 돼지나 소와 같은 가축에 대해 그러한 요구를 하기가 어려울 것이다. 왜냐하

---

31) W. D. Ross, 상계서. p. 48.

면 가축들은 그러한 요구에 반응할 수 있는 능력이 없기 때문이다. 만약 우리가 **동물에 대하여** 특히 개와 같은 동물에 대해 의무를 갖는다면, 논쟁거리가 될 수 있지만, 우리는 또한 그들에 대해 요구할 수 있는 권리를 갖는다고 말할 수 있을 것이다. 그러나 우리가 **동물에 대하여** 의무(어떤 방식으로 **동물을 대우할** 의무 대신)를 갖느냐의 문제가 'X의 Y에 대한 의무는 X의 Y에 대한 권리를 함축한다.'라는 명제의 타당성에 영향을 주지는 않는다.

따라서 도덕적 상관성, 즉 권리로부터 의무로 그리고 의무로부터 권리로의 도덕적 함축은 타당하다는 결론을 내릴 수 있다. 그러나 권리와 의무의 도덕적 상관성은 논리적 상관성과 구별되어야 한다. '권리와 의무의 상관성'이라는 제목하에 이루어지는 대부분의 논의는 논리적 상관성으로 모이는데, 이제 이 문제에 대해 생각해보자.

## 2) 권리와 의무의 논리적 상관성(logical correlativity)

적절히 형식화할 경우 "Y에 대한 X의 권리는 X에 대한 Y의 의무를 함축하고 그 역도 타당하다."라는 상관성 명제는 논리적 혹은 필연적 관계를 주장하는 것이다. 만약 X가 Y에 대하여 10만 원을 받을 권리가 있다면 Y는 그 돈을 X에게 지불할 의무가 있고, 그 역도 타당하다. 이 경우에 X의 Y에 대한 권리와 Y의 X에 대한 의무의 관계는 어느 하나가 없으면 다른 것이 논리적으로 혹은 개념적으로 불가능한 관계이다. 하나의 소멸은 다른 것의 소멸을 필연적으로 수반한다. "X는 Y에 대하여 권리를 갖는다."라는 명제는 "Y는 X에 대하여 의무를 갖는다." 라는 명제와 논리적으로 동치(logically equivalent)이다. 다시 말해 그들은 서로 다른 뜻을 갖긴 하지만, 어느 하나가 참이면 다른 것도 참이고, 어느 하나가 거짓이면 다른 것도 거짓이다 (즉 진리치가 같다.). 'Y에 대한 X의 권리'와 'X에 대한 Y의 의무'는 동일한 규범적 관계를 단지 다르게 표현한 것이다.[32]

이제 논리적 관계의 명제를 더 자세히 검토해보기로 하자. "X의 Y에 대한 권리는 Y의 X에 대한 의무를 함축한다."라는 명제와 관련해 이의를 제기할 사람은 없을 것이다. 만약 X가 Y에 대하여 권리를 갖는다면 Y는 필연적으로 X에 대해 의무를 갖는다. 그러나 "Y의 X에 대한 의무는 X의 Y에 대한 권리를 함축한다."라는 명제(d)와 관련해서는, X가 도덕적 행위자인 경우에는 (의무가 자선적인 행위인 경우에도) 참이지만, X가 도덕적인 행위자가 아닌 경우에는 참이 아니라고 Ross는 주장한다.[33] X가 도덕적 행위자가 아닌 경우에는 명제(d)가 참이 아니라고 Ross가 말할 때 그는 동물을 염두에 둔 것 같다. 그렇다면 동물에 대해 우리의 의무가 있다 할지라도 동물은 우리에 대해 요구할 수 있는 권리가 없다고 그는 주장할 것이다.[34] 여

---

32) S. I. Benn and R. S. Peters, *Social Principles and the Democratic State* (London: George Allen & Unwin Ltd., 1959), P. 89.

33) W. D. Ross, 전게서, p. 54.

34) Ross는 실제로 인간은 동물에 대한 의무가 있다고 말한다(상게서, p. 49).

기서 X에 대한 의무와 X를 어떤 방식으로 대우할 의무를 다시금 구별하는 것이 필요하다. 우리는 동물을 학대하지 말아야할 의무를 갖는다는 진술이 필연적으로 동물은 우리에 대해 학대 받지 않을 권리를 갖는다는 것을 함축하지는 않는다. 그것은 마치 갑이 일주일에 한 번씩 잔디를 깎아야 할 의무를 갖는다는 진술이 잔디가 일주일에 한 번씩 갑에게 깎이는 권리를 갖는다는 것을 함축하지 않는 것과 같다. 그러나 우리가 동물에 **대해** 의무를 갖는다고 말할 때에는 상황이 다르다. 우리가 동물에 **대해** 의무를 갖는다고 말하는 것은 동물은 우리에 대하여 권리는 갖는다고 말하는 것과 같다. **동물을 어떤 방식으로 대우할 의무**를 갖느냐의 문제와 **동물에 대한 의무**를 갖느냐의 문제는 서로 다른 문제이다. 우리가 동물에 **대한** 의무를 갖는다고 말할 수 있으려면 논리적으로 동물은 우리에 대해 권리를 갖는다고 말할 수 있어야 한다.

논리적 상관성의 명제가 **일반적인** 형태의 다른 형식, 즉 '권리는 의무를 함축하고 의무는 권리를 함축한다.'라는 형식으로 제시될 때 공격을 받아왔다. '권리는 의무를 함축한다.'라는 것은 만약 내가 권리를 갖는다면 다른 사람이 의무를 갖는다는 것을 의미한다. 이 명제에서 '권리'를 적절한 의미로 이해한다면 그것을 반대하기 어렵다. 예를 들면, 내가 생명권을 갖지만 다른 사람이 나에 대한 살해 금지 의무를 갖지 않는다고 가정

---

그러나 그는 "도덕적 본성이 있는 존재만 권리를 가질 수 있기" 때문에 동물은 권리가 없다고 말한다(상게서, p. 52).

해보자. 만약 다른 사람이 나에 대한 살해 금지 의무를 갖지 않는다면 즉 나를 살해할 수 있는 자유를 갖는다면 나의 생명권은 없는 셈이다. 그러나 '의무는 권리를 함축한다.'라는 명제는 모든 경우에 타당한 것은 아니다. 내가 의무를 갖는다 할지라도 다른 사람이 반드시 권리를 갖는 것은 아니다. 나에 대한 다른 사람의 권리에 상응하지 않는 의무를 나는 가질 수 있다. Feinberg가 지적한 바와 같이, "교통 신호등이 나에게 정지하도록 지시할 때, 내가 정지하는 것을 자신의 권리로 주장할 수 있는 특정인을 발견하는 것은 어려운 일이다."[35] 운전자로서 나는 빨강 신호등에서 정지할 법적 의무가 있지만, 이러한 의무에 상응하는 법적인 권리, (특히 다른 운전자나 보행자가 없는 교차로에서) 내가 정지할 것을 요구하는 권리를 갖는 사람은 없다.[36] 물론 여기에서의 의무는 (관련된 의무를 규정하는) 교통법규를 지켜야 할 의무, 즉 다른 사람이 그 법규를 지키도록 요구하는 **도덕적인** 권리에 상응하는 **도덕적** 의무와 구별되어야 한다. 이러한 의미에서, 내가 교통법규를 지켜야 할 의무를 갖는다면 그것은 공동체의 다른 구성원들에 대한 도덕적 의무이다. 따라서 그들은 나에 대하여 교통법규를 지키도록 요구할 수 있는 상응하는 도덕적 권리를 갖는다. 그러나 빨강 신호등에서 정지해야 할 법적 의무는 그 자체로는 상응하는 법적

---

35) J. Feinberg, Social Philosophy (Englewood Cliffs, New Jersey: Prentice-Hall, 1973), p. 63.

36) J. Hospers, *Human Conduct: Problems of Ethics*(New York: Harcourt Brace Jovanovich, 1982), p. 245.

권리가 있는 것이 아니다. 나는 다른 운전자나 보행자가 교차로에서 있든 없든 빨간 신호에 정지해야 할 법적 의무가 있다. 나는 그들에 **대하여** 이행해야 할 법적 의무가 있는 것이 아니다.

따라서 **일반적** 형식의 논리적 상관성은 모든 경우에 타당한 것이 아니다. 앞에서 본 바와 같이 어떤 의무는 다른 사람의 권리가 존재하는 것을 함축하지 않는다. 그러나 논리적 상관성은 그것이 'X의 Y에 대한 권리는 Y의 X에 대한 의무를 함축하고 Y의 X에 대한 의무는 X의 Y에 대한 권리를 함축한다.'라는 구조로 형식화된다면 모든 경우에 타당하다.[37]

지금까지 논의한 것처럼, 권리와 의무의 상관성은 네 가지 모든 경우에 타당하지만, 그것이 적절히 형식화되는 경우에만 타당하다. 그러나 여기서 언급된 '권리'는 엄격한 의미의 권리 즉 '요구권'(claim-rights)의 의미로 사용되었다는 것을 주목해야 한다.[38] 요구권은 우리가 가질 수 있는 유일한 권리가 아니다. 우리는 가끔 여러 가지 다양한 의미로 '권리'라는 말을 사용한다. 다음 절에서는 권리들의 상이한 의미와 그들 간의 상호 관계를 설명할 것이다.

---

37) M. G. Singer, "The Basis of Rights and Duties", in *Philosophical Studies*, Vol. 23, 1972, p. 50 참조.
38) 요구권의 개념은 다른 유형의 권리와 함께 다음 절에서 논의될 것이다.

# 3

# 호펠드의 권리 체계:
# 권리의 유형


우리는 폭행당하지 않을 권리, 정당방위권, 입법부의 입법권, 적법 절차에 의하지 않는 한 재산을 박탈당하지 않을 권리 등등에 대해 말할 때가 있다. 이와 같거나 혹은 수많은 다른 경우를 자세히 검토해보면 '권리'라는 말이 처음과 나중에 서로 다른 개념으로 얘기해서 가끔 사고의 혼란을 야기한다는 것을 알 수 있다.[39] 다른 종류의 권리들을 주의 깊게 구별하지 않으면 법적인 추론이 결코 정확할 수 없다는 것을 깨닫도록 도와준 것은 Hohfeld의 크나큰 업적이다. Hohfeld는 "법적인 문제의 명료한 이해, 예리한 진술, 그리고 진정한 해결에 가장 방해가 되는 것 중 하나는 모든 법적인 관계가 '권리'와 '의무'로 환원될 수 있다는 명시적이거나 묵시적인 가정으로부터 가끔 기인

---

39) W. N. Hohfeld, *Fundamental Legal Conceptions* (Westport, Connecticut: Greenwood Press, 1978), p. 6.

한다."라고 말하였다.[40] 그는 네 가지 유형의 권리, 즉 엄격한 의미의 권리(right 혹은 claim-right), 자유(liberty 혹은 Hohfeld의 용어로는 '특권' privilege), 권한(power), 그리고 면제권(immunity)을 구별하고 그들의 상호 간 논리적 관계 혹은 다른 기본적인 법적 개념과의 관계를 분석하였다.[41] 여기서 기본적인 법적인 개념들과 그들의 논리적 관계에 대한 그의 핵심적인 생각을 검토하는 것이 중요하다. 왜냐하면 '권리'라는 개념과 이와 관련된 개념을 법적으로 사용할 때 발견되는 논리는 대체로 다른 권리들을 이해할 때에도 발견되기 때문이다.[42] 보다 더 중요한 것은, Hohfeld는 여러 종류의 권리들을 구별함으로써 복잡한 법적 문제를 조명하는 것이 그의 목적이었지만, 그러한 구별이 권리의 근거를 확립하는 데에도 유용하다는 것이 밝혀질 것이다. 그러나 그의 구별에서 네 유형의 권리들 중 하나인 자유는 '일면적 자유'(unilateral liberty 혹은 Hohfeld가 사용한 '특권')로 이해되며, 언론, 집회, 종교 등의 자유와 같은 기본적 자유를 설명하는 데는 적합하지 않다. 따라서 이 절의 마지막 부분에서 Hohfeld의 권리 체계에 바탕을 둔 '양면적 자유'(bilateral liberty) 개념을 제시하여 그것을 통해 기본적 자유를 설명할 것

---

40) 상게서, p. 35.

41) 상게서, p. 36.

42) 여러 법적인 관계에 대한 Hohfeld의 비공식적인 분석은 현대 의무논리 (deontic logic)의 발전을 예견하였다. 예를 들면 A. D. Cullision은 "Hohfeld 는 반세기 전에 본질적으로 의무논리의 체계를 고안한 것처럼 보인다."라고 말하였다. "Logical Analysis of Legal Doctrine: The Normative Structure of Positive Law" in *Iowa Law Review*, Vol. 53, 1968, p. 1211.

이다.

Hohfeld의 설명 방식을 벗어나, 우리는 기본적인 법적 개념 간의 논리적 관계를 제시하면 다음과 같다.

(1) B는 A에 대하여 X를 해야 할(X를 해서는 안 될) **의무를 갖는 경우**에 그리고 그 경우에만 A는 B에 대하여 B가 X를 할 것을(X를 하지 않을 것을) **요구할 권리가 있다.**

(2) A는 B가 X를 하지 않도록(X를 하도록) **요구할 권리가 없는 경우**에 그리고 그 경우에만 B는 A에 대하여 X를 할 수 있는(X를 하지 않을 수 있는) **자유가 있다.**

(3) A가 X를 함으로써 B가 그의 법적 지위를 변화시킬 **책임(liability)이 있는 경우**에 그리고 그 경우에만 A는 B에 대하여 X를 할 수 있는 **권한(power)이 있다.**

(4) A는 X를 함으로써 B의 법적 지위를 변화시킬 수 있는 **권한이 없는 경우**에 그리고 그 경우에만 B는 A가 X를 하는 것에 대하여 **면제권(immunity)을 갖는다.**

기본적인 법적 개념 간의 논리적 관계를 도식화하면 다음과 같다.

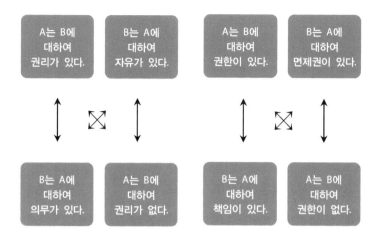

이 도표에서 수직선 화살표는 논리적 상관성(논리적 동치)의 관계를 나타내며, 대각선 화살표는 반대(혹은 모순)의 관계를 나타낸다. 위에서 보여준 바와 같이 네 가지 유형의 권리, 즉 권리(요구권), 자유(자유권), 권한, 그리고 면제권에는 이것들에 상응하는 개념으로 각각 의무, 무권리(no-right), 책임, 그리고 무권한(no-power, disability)이 있고, 그 반대되는 개념으로는 각각 무권리, 의무, 무권한, 그리고 책임이 있다.

위의 관계들은 사례를 통해 쉽게 설명될 수 있다. (1) "A는 B에게 10만 원의 지불을 요구할 수 있는 권리가 있다."라는 진술은 (2) "B는 A에게 10만 원을 지불할 의무가 있다."라는 진술과 동일한 규범적 의미를 지닌다. 그리고 이 진술은 (3) "B는 A에 대하여 10만 원을 지불하지 않을 자유가 있다."라는 진술을 부정한 것이다. 그런데 그 진술 (3)은 "A는 B가 10만 원을 지불하라고 B에게 요구할 수 있는 권리가 없다."라는 진술과 동일한 규범적 의미를 지닌다.[43] 똑같은 관계가 다른 쌍의 관념에도 적용된다. Hohfeld가 제시한 사례 중 하나인 대리인의 경우를 살펴보자. "대리인 관계의 형성은 특히 소위 대리인에게 법적인 권한을 부여하며, 그에 상응하여 본인에게 책임을 생성시키게 된다."[44] B가 A에게 B의 재산을 제삼자에게 양도하도록 위임한다고 가정해보자. 그럴 경우 A는 B의 재산을 양도할 수 있는 권한, 즉 소위 계약적 의무를 B에게 부과할 수 있는 권한을 갖는다. 따라서 (1) "A는 B에 대하여 B의 재산을 양도할 수 있는 권한을 갖는다."라는 진술은 (2) "B는 A에 의해 B의 법적인 관계가 변화되도록 하는(의무가 생성되도록 하는) 책임이 있다."라는 진술과 동일한 규범적 의미를 갖는다. 그리고 이 마지막 진술은 (3) "B는 A가 B의 재산을 양도하는 것에 대하여 면제권을 갖는다."라는 진술을 부정한 것이다. 그런데 그 진술 (3)은 'A는 B에 대하여 B의 재산을 양도할 권한이 없다.'라는 것을 의미하는 것과 같다.[45]

---

43) 여기서 주목할 것은, 자유(혹은 특권)와 그 반대 개념인 의무는 반대되는 내용을 갖는다는 점이다. Hohfeld 자신은 이점에 주의를 환기하였다. "하나의 특권이 의무의 단순한 부정이라고 말할 때, 항상 그것이 의미하는 것은 물론 문제 되는 특권의 내용과 정확히 반대되는 내용을 갖는 의무이다."(Hohfeld, *Fundamental Legal Conceptions*, p. 39) 'A는 B에 대하여 X를 **할 수 있는 자유**가 있다.'라는 진술은 'A는 B에 대하여 X를 **하지 말아야 할 의무**가 없다.'라는 것을 의미한다. 자유와 그것의 상관 개념인 무권리도 반대 내용을 갖는다. 'B는 A에 대하여 X를 **할 수 있는 자유**가 있다.'라는 진술은 'A는 B에 대하여 B가 X를 **하지 말 것을 요구할 권리**가 없다.'라는 것을 의미하며, 'A는 B에 대하여 X를 **하지 않을 자유**가 있다.'라는 진술은 'B는 A에 대하여 A가 X를 **할 것을 요구할 권리**가 없다.'라는 것을 의미한다.

44) Hohfeld, 상게서, p. 52.

우리는 네 종류의 권리들 중 하나 이상 혹은 그 모두를 동시에 가질 수 있다는 것에 주목할 필요가 있다. 예를 들면, "A가 한 필지의 땅을 소유하고 있다고 말하는 것은 사실상 그가 법에 의해 복잡한 법적인 권리, 특권, 권한 그리고 면제권 – 이 모든 권리는 물론 문제의 땅과 관련되어 있다 – 의 전체가 부여되어 있다고 주장하고 있는 것이다."[46] 토지의 소유주는 다른 사람이 들어가지 못하도록 요구할 권리, 자신이 들어갈 수 있는 자유, 다른 사람이 들어갈 수 있도록 허용하는 권한, 그리고 이러한 법적인 관계들 및 다른 법적인 관계들을 변화시키는 권한을 타인이 일방적으로 행사하는 것에 대해 면제권을 갖는다.[47] 그러나 대부분의 권리들은 호펠드적 권리들의 집합체이지만 그 네 권리들 중의 하나는 특정 권리의 핵심개념(core concept) 역할을 한다. 다른 사람이 들어가지 못하도록 요구하는 권리는 요구권인데, 이것이 토지와 관련된 특정 권리의 핵

---

45) 사람이 책임(liability)이 있다는 것은, 의무를 짊어질 때처럼 일반적으로 불이익을 받긴 하지만 반드시 그렇다는 것을 의미하지는 않는다. Hohfeld가 말한 것처럼, "일상적인 유형의(tangible) 개인 재산의 소유주는 그것의 포기를 통해 자신의 법익(legal interest: 권리, 권한, 면제권 등등)을 소멸시킬 수 있는 권한을 갖는다. 동시에 그리고 상응하여, 타인에게 그 포기한 대상과 관련된 특권과 권한을 생성시킬 수 있는 권한, 즉 타인이 그것을 사유화함으로써 그것에 대한 권리를 획득하도록 하는 권한을 갖는다."(Hohfeld, *Fundamental Legal Conceptions*, p. 51) 여기서 재산 소유주의 권한에 상응하는 개념은, 재산과 관련하여 타인에게 특권과 권한이 생성되도록 하는 책임이다. 따라서 책임이 보통 의무가 생성되도록 하는 책임이지만, 어떤 경우에는 그것이 이익이 될 수 있다.

46) W. W. Cook, "Introduction: Hohfeld's Contributions to the Science of Law" in Hohfeld, *Fundamental Legal Conceptions*, p. 12.

47) T. M. Benditt, *Law as Rule and Principle* (Stanford, California: Stanford University Press), p. 159.

심개념이다. 그리고 다른 유형의 권리들 즉 자유권, 권한 그리고 면제권은 주변적(peripheral) 권리이다.[48] 재산권, 생명권, 사생활권, 복지권, 교육권 등의 권리들에서 핵심개념은 호펠드적 요구권이다. 그러한 이유로 그 권리들은 '요구권'으로 불린다. 그리고 언론, 집회, 정당방위 권리는 '자유권'이라고 말할 수 있다. 왜냐하면 그 권리들은 그 밖의 어떤 호펠드적 권리가 주변적 권리로 추가되더라도 자유가 핵심개념으로 포함되어 있기 때문이다. 따라서 어느 특정 권리이건 간에 그것이 어떤 권리 유형을 핵심개념으로 포함하느냐에 따라 네 가지 유형의 권리 중 하나로 명명될 수 있다.

호펠드의 권리 체계와 관련하여 가장 논쟁적인 문제 중 하나는 요구권과 자유권 간에 진정한 구별이 있느냐 하는 것이다. 의무는 요구권뿐만 아니라 자유권에도 상응하는 개념이라고 반론을 제기할 수도 있다. 자유에는 상응하는 개념으로 다른 사람이 방해하지 않을 의무가 수반된다는 생각 때문이다. 예를 들면 나의 영업을 할 수 있는 자유는 다른 사람이 그것을 방해하지 말아야 할 의무가 수반된다고 생각할 수 있다. 만약 다른 사람이 자유롭게 나의 영업을 방해한다면 어떻게 내가 영업의

---

48) 핵심개념과 주변개념 간의 구별에 대해서는 C. Wellman, "Upholding Legal Rights" in *Ethics*, Vol. 86(1975), PP. 52-53 참조. 그는 "변제(repayment)에 대한 나의 법적인 권리의 핵심은 변제에 대한 나의 법적인 요구권 즉 채무자가 나에게 빚을 갚는 법적 의무"이고, 다른 권리들, 즉 자유, 권한 그리고 면제권은, Wellman은 그 말을 쓰지 않지만, '주변적인'(peripheral) 권리로 이해된다. 그는 이 주변적인 권리들은 법적인 권리를 효과적으로 고양하기 위해 거기에 첨부되어야 한다고 주장한다.

자유를 누린다고 말할 수 있겠는가? 그러나 특히 자유 경쟁 사회에서 다른 사람은 똑같은 영업을 함으로써 나의 영업을 방해할 수 있다. 내가 그 영업을 독점하도록 놔두어야 할 의무가 다른 사람에게 없다. 물론 경쟁 과정에서 살인이나 폭행 등을 금해야 할 의무와 같이 준수해야 할 많은 일반적인 의무가 있을 수 있다. 그러나 이러한 의무들은 문제 되는 자유 즉 영업의 자유에 상응하는 것이 아니라, 다른 요구권 즉 살해나 폭행을 당하지 않을 권리 등에 상응하는 것이다. 그러한 의무들은 "배후에서 자유가 존재하고 행사될 수 있도록 해주는 보호막(protective perimeter) 구실을 한다."[49] 그런데 자유권에 보호적 의무가 수반될 수 있지만 반드시 그럴 필요가 없다.[50] 예를 들어, 정당방위권을 생각해보자. 이 권리는 침해자를 공격하지 말아야 할 의무가 없다는 점에서 자유권이다. 정당방위권이 침해자가 살해나 상해를 가하지 말아야 할 의무에 의해 보호받아야 한다고 말하는 것은 이치에 맞지 않다. 왜냐하면 바로 그러한 행위가 물리쳐야 할 행위이기 때문이다. 한편 일반 의무의 보호막에 의해 보호받을 뿐 아니라 다른 사람이 방해해서는 안 되는 상응하는 의무에 의해 보호받는 자유권이 있는 것처럼 보이는 경우가 있다. 예를 들면 통행권(right of way)은 자유권으

49) H. L. A. Hart, "Bentham on Legal Rights", in *Rights* (D. Lyons, ed.), 1979, p. 132.

50) J. Brady, "Law, Language and Logic: The Legal Philosophy of Wesley Newcomb Hohfeld", *Transactions of Charles S. Peirce Society*, Vol. 8, 1980, p. 249.

로 간주된다.[51] 사람들은 자기가 원하는 특정 지역을 통과할 수 있다. 우리는 보호적 의무를 위반함으로써가 아니라 단순히 통행을 막음으로써 다른 사람의 통행권을 방해할 수 있을 것이다. 그러나 형사적이거나 민사적인 범법행위가 없으면 자유의 방해가 허용되는 경제적 경쟁에서의 자유권과는 달리, 문제가 되는 권리 즉 통행권은 이 권리의 특성상 그러한 방해가 있는 경우에도 존재하기가 어려울 것이다. 따라서 어떤 자유권(예컨대 통행권)에는 다른 사람이 방해해서는 안 되는 상응하는 의무가 있다고 말할 수 있다. 결국 요구권과 자유권의 엄격한 구별은 없는 셈이다.

그러나 설령 그러한 자유권이 존재할지라도, 그것이 두 종류의 권리를 구별하는 것을 쓸모없게 하지는 않는다. 앞서 말한 것처럼, 대부분의 경우 특정 권리는 호펠드적 권리의 집합체이다. 통행권도 자유권과 요구권 또는 다른 권리가 합해진 집합체이다.[52] 다른 사람이 방해해서는 안 되는 의무는 통행권의 '요구권 부분'(claim-rights part)에 상응한다.[53] 문제가 되는 권리 즉 통행권은 자유를 핵심개념으로 삼기 때문에 자유권이라는 것을 다시금 주목해야 한다. 그리고 이 자유에 상응하는 것은 다른 사람이 방해해서는 안 되는 의무가 아니라, 특정 지역

---

51) G. Williams, "The Concept of Legal Liberty", *Columbia Law Review*, Vol. 56, 1956, p. 1142.

52) W. Cook은 '통행권'은 권리(요구권), 특권, 권한 그리고 면제권의 복합체라고 주장한다. "Introduction in *Fundamental Legal Conception*", p. 12.

53) T. D. Perry, "Reply in Defense of Hohfeld", *Philosophical Studies*, Vol. 37, 1980, p. 204.

을 통과하거나 하지 말 것을 다른 사람이 요구할 권리가 없다는 것이다. 따라서 다른 사람이 방해하지 말아야 할 의무가 수반되어야만 존재하는 자유권('자유권'이라 칭하는 특정 권리)이 있을 수 있다고 할지라도, 그것이 의무와 상관관계에 있는 권리(요구권)와 그리고 무권리(no-right)와 상관관계에 있는 자유(자유권) 간에 구별이 있다는 생각에는 영향을 주지 않는다.

요구권과 자유권 간의 개념적인 구별이 있을지라도, 이제는 그것이 실제적인 의미는 거의 없거나 전혀 없다고 주장하는 사람이 있다.[54] Hohfeld 자신이 그러한 개념적 구별이 법적인 문제를 조명하거나 법적인 추론의 오류를 피할 수 있는 실제적인 목적에 기여한다고 믿고 그것을 보여주기 위해 여러 가지 사례들을 제시하였다. 그리고 법적인 담론에서 그것이 유용하다는 것을 많은 학자들은 충분히 증명하였다.[55] 그들의 논증을 여기서 반복하기보다는 요구권과 자유권의 구별이 권리의 근거를 확립하는 데에도 필요하다는 것을 보여주고자 한다.

호펠드적 권리 유형의 구별에 주의를 기울이지 않는 사람들은 어떤 유형의 권리이건, 그것의 원천이 규칙이건 원리이건

---

54) S. D. Hudson and D. N. Husak, "Legal Rights: How Useful is Hohfeldian Analysis?" *Philosophical Studies*, Vol. 37, 1980, pp. 45-53.

55) 특히 J. Brady, "Law, Language and Logic: The Legal Philosophy of Wesley Newcomb Hohfeld", *Transactions of the Charles S. Peirce Society*, Vol. 8, 1972, pp. 246-263; T. D. Perry, "A Paradigm of Philosophy: Hohfeld on Legal Rights", *American Philosophy Quarterly*, Vol. 14, 1977, pp. 41-49 and "Reply in Defense of Hohfeld", *Philosophical Studies*, Vol. 37, 1980, pp. 203-209; G. Williams, "The Concept of Legal Liberty", *Columbia Law Review*, Vol, 56, 1956, pp. 1129-50 참조.

간에 같은 원천에서 그것을 끌어내려는 경향이 있다. 그러나 예컨대 언론의 자유는 생명권과 같은 방식으로 확립되는 것이 아니다. 전자는 자유권이지만, 후자는 요구권이다.

모든 요구권은 어떤 종류의 정당화가 필요하지만, 자유권은 그렇지 않다. 나는 내가 원하는 대로 특정 주제에 대해 말할 수 있는 자유가 있다. 나는 거리를 걷거나 집에 머무를 수 있는 자유가 있다. 이러한 자유권들은 그것이 존재하기 위해 어떠한 정당화가 요구되는 것이 아니다. 그러한 행위를 금하는 의무가 없기 때문에 나는 그러한 자유를 갖는다고 주장할지 모른다. 그러나 "어떤 것을 할 수 있는 자유가 있다."라는 진술은 "그것을 금하는 의무가 없다."라는 진술과 같은 규범적 의미를 갖는다. 두 진술 중 하나가 다른 것을 뒷받침하는 근거가 될 수 없다.

다른 사람이 내가 어떤 것을 할 수 있는 자유를 방해할 때, 나는 그것을 할 수 있는 자유가 있다고 주장할 수 있다. 예컨대, 다른 사람이 내가 어떤 주제에 대하여 말해서는 안 된다면서 나의 언론의 자유를 방해할지 모른다. 그때 나는 그 주제에 대해 내가 말할 수 있는 자유가 있다고 말할 수 있다. 이러한 주장은, 호펠드적 권리 체계에 따르면, 내가 그 주제에 대해 말해서는 안 된다고 다른 사람이 나에게 요구할 수 있는 권리가 없다는 것을 의미한다. 이러한 주장을 하면서 나는 나의 언론의 자유에 대한 다른 사람의 방해가 정당화될 수 없는 것이라고 항의하는 것이다.[56] 물론 그 주제에 대해 말할 수 있는 나의 자유를 방해하는 것이 정당화된다면 나는 그렇게 할 수 있는 자유가 없고, 그는 내가 그 주제에 대해 말해서는 안 된다고 요구할 수 있는 권리가 있다. 그러나 그러한 방해를 정당화하지 못한다면 나는 내가 원하는 대로 말할 수 있는 자유가 있다. 정당화를 요구받는 당사자는 자유를 갖고 행사하는 사람이 아니라 자유를 방해하는 사람이다.

대부분 국가의 헌법에서는 언론의 자유를 기본적 자유의 하나로 보장한다. 그리고 언론의 자유가 헌법에 보장되고 있는 사실을 들어, 내가 언론의 자유가 있다는 것을 그 이유로 제시할 수 있다고 주장할지 모른다. 이러한 실증주의적인 견해를 따르게 되면, 만약 정치적 문제에 대한 비판적인 견해를 표명하는 것을 법이 금지하면 나는 표현의 자유가 없어질 수 있다는 것을 허용하는 셈이 된다. 그러나 특히 법이 나의 정치적 의견을 표명할 수 있는 자유를 제한할 때 나는 그럴 자유가 실제로 있다는 것을 주장할 수 있다. 나의 정치적 의견을 표명해서는 안 된다고 정부가 나에게 요구할 수 있는 권리는 없다. 다시 말해 나는 나의 정치적 의견을 표명할 수 있는 자유를 법적으로 제한하는 것이 (도덕적으로) 정당화되지 못한다고 항의할 수 있다. 정부가 나의 정치적 의견을 표명할 수 있는 자유를 제한하는 것이 설령 실정법상으로는 정당화될 수 있을지라

56) H. L. A. Hart, "Are There Any Natural Rights?" in *Rights* (D. Lyons, ed.), p. 20 참고. 여기서 Hart는 "나는 …을 할 자유가 있다."라는 표현 대신에, "나는 …할 권리가 있다."라는 표현을 사용한다. 일반적인 권리의 표현으로서 "나는 …을 할 권리가 있다."라는 주장은 요구권과 자유권을 모두 다 포함한다(상게서, p. 23).

도 나는 도덕적으로 그렇게 할 수 있는 자유가 있다. 정당화의 부담은 자유를 누리는 사람에게 있는 것이 아니라 그것을 제한하는 사람 또는 정부에게 있는 것이다.

내가 정부를 비판할 수 있는 자유는 정당화를 요구하지 않는다. 그렇지만, 내가 정부를 비판할 수 있는 자유가 있다고 주장할 때, 왜 내가 그러한 자유가 있는지 도덕적인 이유를 제시하도록 도전받는다고 가정해보자. 정부를 비판할 수 있는 나의 자유를 정당화할 수 있다면 이것은 그렇게 할 수 있는 나의 자유를 더욱 뒷받침할 수 있다. 그러나 내가 정부를 비판할 수 있는 자유가 있다는 것을 뒷받침하는 이유가 없다는 것이 내가 정부를 비판할 수 있는 자유가 없다(혹은 비판하지 말아야 할 의무가 있다)는 것을 함축하지는 않는다. 설령 내가 정부를 비판할 수 있는 자유를 뒷받침하는 이유가 주어질 수 없다 해도, 나의 그러한 자유를 제한하는 것을 다른 사람이 정당화할 수 없다면 나는 여전히 그것을 할 수 있는 자유가 있다. 권리(요구권)와 관련하여 말할 때, 내가 권리를 갖는다고 주장한다면, 나는 그렇게 주장하는 것을 정당화해야 한다. 왜냐하면 내가 다른 사람에 대해 요구할 수 있는 권리를 갖는다는 것은 그의 자유를 제한하는 것이 정당화된다는 것을 의미하기 때문이다.[57] 내가 다른 사람에 대해 권리를 지닌다고 주장할 때 그는 나에게 내가 그 사람에 대해 권리를 지니는 이유를 제시하도록 요구할 것이다. 나의 권리 주장이 타당하거나 정당화된다면 나는

---

57) H. L. A. Hart, 상게서, p. 19.

그 사람에 대해 권리를 갖는다. 따라서 내가 권리를 갖는다고 주장할 때 나는 내가 권리를 갖는 것에 대한 정당화를 요구받는다. 그러나 자유의 경우에는 다르다. 내가 언론의 자유를 누려야 할 (도덕적인) 이유를 제시할 수 없다 할지라도, 다른 사람이 나의 그러한 자유를 제한하는 정당화 이유를 제시할 수 없다면 내가 생각하는 것을 말할 수 있는 자유를 여전히 갖는 것이다.

우리가 정당화해야 하는 것은 자유의 **제한**이다. 우리의 자유는 제한될 수 있고, 그러한 제한은 정당화를 요구한다. "그 말은 그 사람의 명예를 훼손하기 때문에 당신은 그러한 말을 하면 안 됩니다; 다시 말해, 당신은 그러한 말을 할 자유가 없습니다." "당신은 그 사람에게 돈을 지불하기로 약속했기 때문에 그는 당신에 대하여 그 돈을 지불받을 권리가 있습니다; 다시 말해, 당신은 그에게 그 돈을 지불하지 않을 자유가 없습니다." 이처럼 우리는 자유의 존재보다는 자유의 제한을 정당화해야 한다. 그런데 자유의 제한은 권리(요구권)나 의무의 생성을 의미한다.

논의를 더 진행하기 전에, 두 가지 유형의 자유 즉 '양면적'(bilateral) 자유와 '일면적'(unilateral) 자유를 구별할 필요가 있다.[58] 어떤 것을 하거나 하지 않을 자유 즉 행위 선택을 포함하는 자유는 '양면적' 자유라 불린다. 그러한 자유는 어떤 것

---

58) 일면적 자유와 양면적 자유의 구별에 대해서는, H. L. A. Hart, "Bentham on Legal Rights", 전게서, 1979, p. 129 참조.

을 하거나 하지 말아야 할 의무가 없는 자연의 상태에서 사람들이 갖는 권리이다.59) 언론, 종교, 집회 등 기본적인 자유권과 많은 사소한 자유들은 양면적 자유로 해석될 수 있다. 예를 들면 내가 언론의 자유를 갖는다는 것은 내가 어떤 것을 말하거나 말하지 않을 자유가 있다. 즉 그것을 말해서는 안 될 의무도 그것을 말해야 할 의무도 없다는 것을 의미한다. 내가 어떤 것을 말할 자유가 있지만 그것을 말하지 않을 자유가 없다면 (어떤 것을 말할 자유가 있으면서 그것을 말해야 할 의무가 있다면) 나는 언론의 자유를 갖는다고 말할 수 없다. 마찬가지로 사람이 특정 종교를 가질 자유가 있지만 그것을 갖지 않을 자유가 없다면 진정한 의미의 종교의 자유가 있는 것이 아니다. 그러한 양면적 자유는 일면적 자유(혹은 Hohfeld가 염두에 둔 특권 privilege)와 구별되어야 한다.60) 일면적 자유의 의미로 어떤 행위를 할 수 있는 자유(특권)는 그것을 해야 할 의무와 양립할 수 있다. 예를 들면 경찰관은 범인을 체포해서는 안 될 의무가 없다는 의미에서 그를 체포할 자유 혹은 특권이 있다. 범인을 체포할 수 있는 경찰관의 특권은 '다른 상황에서는 의무 위반이 되겠지만, 위반이 되지 않도록 법이 면제시켜주는

---

59) Hobbes는 "권리는 하거나 하지 않는 자유에 있다."(A rights consists in liberty to do, or to forbear. Leviathan, 1651, Ch. VIV)라고 말하였다. 그리고 이 '자유권'(liberty rights)이 Hobbes가 염두에 둔 유일한 권리이다(J. Finnis, *Natural Law and Natural Rights*, 1980, p. 208).

60) H. L. A. Hart, "Bentham on Legal Rights", 전게서, 1979, p. 129 참조. Hohfeld는 '자유'라는 말을 피하려고 하였다. 그렇게 한 이유 중 하나는 '자유'라는 말이 두 특정인 간의 특수한 관계와 구별되는 일반적인 정치적 자유의 함의를 지니고 있기 때문이다.

것'이다.[61] 특권은 일반적으로 '의무로부터의 면제'로 이해된다.[62] 그러나 이것은 특권의 전체적인 의미는 아니다. 일면적 자유의 의미로, 사람들은 자기가 의무적으로 해야 하는 것을 할 자유가 있다(혹은 하지 말아야 할 의무는 없다)고 우리는 말하기도 한다.[63] 경찰관은 범인을 체포할 수 있는 자유 혹은 특권뿐만 아니라 체포해야 할 의무를 갖는다. 이것은 특권이 의무와 양립하는 분명한 경우이다. 일면적 자유의 의미로 어떤 행위를 할 수 있는 자유는 단순히 그것을 하지 말아야 할 의무를 배제하며,[64] 어떤 행위를 하지 않을 수 있는 자유는 단순히 그것을 해야 할 의무를 배제한다. 이처럼 일면적 자유는, 어떤 행위를 해야 할 의무도 하지 말아야 할 의무도 모두 배제하는 양면적 자유와 다르다.

이처럼 두 유형의 자유가 구별되는데, 정당화를 요구하지 않는 자유는 일면적 자유가 아니라 양면적 자유이다. 일면적 자유는 요구권이나 의무처럼 정당화를 요구한다. 예를 들면, A가 B에게 A의 일기를 읽을 수 있도록 허락을 했다면 B는 그것을 읽을 수 있는 자유(특권)가 있다. 이 경우 일반적으로 타인의 일기를 보는 것은 옳지 않기 때문에, 다른 사람(예컨대 A의 부

---

61) W. J. Kamba, "Legal Theory and Hohfeld's Analysis of a Legal Rights", *The Juridical Review*, 1974, p. 253.

62) W. J. Kamba는 특권 혹은 허가(license)는 의무로부터의 면제를 의미한다, 즉 전자는 법의 작용에 의해, 후자는 합의 또는 계약에 의해 의무로부터 면제되는 것을 의미한다고 말한다(상게서, p. 252).

63) Hart, "Bentham on Legal Rights", 전게서, p. 129.

64) Hart, 상게서 p. 129.

모)이 B가 왜 A의 일기를 보느냐고 묻는 것은 의미가 있다. B
는 그것을 읽을 수 있도록 A가 허락하지 않았다면 그는 읽지
말아야 할 의무를 갖는다. 그러나 A가 허락했다면 B는 A의 일
기를 읽지 말아야 할 의무로부터 면제받은 것이다. 이와 반대
로 내가 신문을 읽는 것에 대한 도덕적 정당화를 기대하면서,
내가 왜 신문을 읽느냐고 이유를 묻는 것은 이상해 보인다.[65]
나는 그것을 읽거나 읽지 않을 자유가 있다. 그러나 나는 어떤
이유로 그것을 읽지 말아야 한다고 다른 사람이 주장할지 모른
다. 어떤 이유를 염두에 두건 그는 왜 내가 그것을 읽어서는
안 되는지 이유를 제시해야 한다. 증명의 부담은 자유가 있다
고 주장하는 사람이 아니라 없다고 주장하는 사람에게 있는 것
이다. Kamba가 주장한 바와 같이, "특권이나 허가(일면적 자
유)의 경우에는 그것을 주장하는 사람이 그것의 존재를 증명해
야" 하는 반면에, "자유(양면적 자유)의 경우에는 그것의 존재
를 부정하는 사람이 그것이 없다는 것을 증명해야 한다."[66]

  만약 Hohfeld가 염두에 둔 자유 혹은 특권이 일면적 자유이
고, 이것이 요구권이나 의무처럼 정당화가 요구된다면, 권리의
근거를 확립하는 데 있어서 요구권과 자유권의 호펠드적 구별

---

65) 물론 내가 신문을 읽는 어떤 이유들, 예컨대 정보 취득이나 소일거리 등의
   이유가 있을지 모른다. 그러나 이것은 도덕적 정당화와 아무런 관련성이
   없다.
66) W. J. Kamba, 전게서, p. 253. Kamba는 "자유는 법이 간섭하지 않는 영역
   즉 무제약의 영역에서 작용한다. 따라서 그것은 비법률적인(non-jural) 개념
   이며, Hohfeld의 권리 체계에서 전적으로 제거되어야 한다."라고 말한다.
   이로부터 Kamba가 의미하는 '자유'는 일면적 자유가 아니라 양면적 자유라
   는 것을 알 수 있다.

이 무슨 소용이 있는가? 호펠드적 구별은 양면적 자유가 그것의 동치(equivalent) 개념이나 모순(contradictory) 개념과 상응 관계를 맺도록 해주는 바탕을 제공한다. (1) "나는 X를 하거나 하지 않을 자유가 있다."라는 진술은, 정의에 의해 (2) "나는 X를 해야 할 의무도 하지 말아야 할 의무도 없다."라는 진술과 같다. 그리고 이 진술은 (3) "나는 X를 하거나 하지 말아야 할 의무가 없다."라는 진술과 동치 관계에 있다. 그런데 이 마지막 진술은 "나는 X를 하거나 하지 말아야 할 의무가 있다."라는 진술을 부정하고 있다. 다음의 도표는 이들 관계와 다른 관계들을 보다 더 명료하게 보여줄 것이다(여기서 수직선 화살표는 동치 관계를, 그리고 대각선 화살표는 모순 관계를 지시한다.).

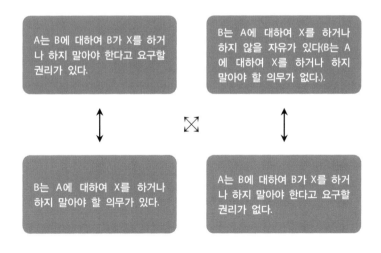

이처럼 호펠드적 자유 혹은 일면적 자유는 양면적 자유를 구성하는 기본 요소이다. 그리고 이 양면적 자유는 정당화가 요구되지 않는 자유이다. 요구권과 자유권 간의 호펠드적 구별에 주의를 기울이지 않는다면 우리는 언론의 자유, 결사의 자유와 같은 권리들을 생명권, 재산권, 사생활권 등등과 같은 권리를 정당화하는 방식으로 정당화하려는 잘못을 범할 수 있을 것이다.[67]

---

67) '언론 자유, 결사 자유의 권리'(rights of free speech, free association)는 '언론의 자유권, 결사의 자유권'(rights to free speech, free association)과 대비된다는 것을 여기서 주목할 필요가 있다. 언론의 자유권, 결사의 자유권은 생명권(right to life), 재산권(right to property) 등과 같이 요구권으로 이해되는 경우에는 정당화가 요구된다. 이점에 대한 보다 더 분명한 해명은 제3장 3절을 참조할 것.

제3장

# 권리의 근거

앞에서 권리(요구권)와 자유(자유권)는 그 자체를 위해서뿐 아니라 권리의 근거를 확립하는 실제적인 목적을 위해서도 구별되어야 한다는 것을 주장하였다. 그리고 자유 특히 양면적 자유는 권리(요구권)와 같은 방식으로 확립되는 것이 아니라는 것을 주장하였다. 우리는 자유의 존재 대신 자유의 제한을 정당화해야 한다. 자유의 제한은 권리 혹은 상관적인 의무의 생성과 같은 것이다. Bentham의 *Works*에 나오는 다음의 구절을 보자.

> 권리는 의무를 부과하거나 혹은 부과를 금함으로써 확립되거나 부여된다. …토지에 대한 재산권이 어떻게 나에게 주어지는가? 토지로부터의 소출 등등을 다른 사람이 침해하지 않도록 의무를 부과함으로써 그것이 주어진다. 도시의 모든 거리를 걸어 다닐 수 있는 권리가 나에게 어떻게 주어지는가? 그것은 나를 방해하는 의무가 없고, 그리고 모든 사람이 나를 방해해서는 안 되는 의무에 의해 제약을 받기 때문이다.[1]

---

1) *The Works of Jeremy Bentham* (J. Bowring, E., 1962), Vol. III, p. 181.

비록 Bentham은 "의무 관념에 대한 서로 다른 관계들에 의해 구별되는 두 종류의 권리를 기본적으로 구별"[2]하고 있지만, 위의 구절 마지막 문장에서 볼 수 있는 것처럼 그는 자유권(양면적 자유)에 근거나 이유가 주어져야 한다고 생각한 것 같다 ("나를 방해하는 의무가 없…기 때문이다."). 그러나 앞에서 설명한 것처럼, 그러한 자유의 소유는 정당화를 요구하지 않는다.

Bentham의 또 다른 주장은 권리의 개념이 의무에 부차적이거나 그로부터 이끌려 나온다는 것이다. 앞에 인용된 구절로부터 분명한 것은, Bentham이 의무 개념을 권리 개념보다 논리적으로 선행하는 것으로 간주했다는 점이다. 그러나 앞에서 논의한 것처럼, 권리와 의무 간에는 상호 함축(mutual entailment)이 가능할지라도 어느 하나가 다른 것의 근거가 될 수 없다. Bentham의 관점과 반대 방향으로 권리가 의무의 근거라고 주장한다고 가정해보자. 예를 들어 동물은 생명권이 있기 때문에 이것이 동물을 죽여서는 안 되는 의무를 뒷받침하는 정당화 근거라고 가정해보자. (논쟁거리가 되긴 하지만) 그 권리를 우리가 동물에 부여한다 할지라도, 그것이 동물에 대한 의무를 정당화해주는 근거가 될 수 없다. 왜냐하면 여기서 권리와 의무는 동일한 규범적 관계를 다른 방향에서 바라보는 방식에 지나지 않기 때문이다. 똑같은 주장이 낙태 반대론자들의 경우에도 적용된다. 이들은 태아가 생명권이 있기 때문에 우리는 낙태를 해서는 안 될 의무가 있고, 따라서 낙태를 하는 것은 옳지 않

---

2) H. L. A. Hart, "Bentham on Legal Rights", 전게서, p. 128.

다고 주장할지 모른다. 그러나 의무를 상응하는 권리에 의해 정당화하거나 권리를 상응하는 의무에 의해 정당화하려는 시도는 동일한 규범적 관계를 단지 다른 방향에서 주장하는 것이기 때문에 선결문제 요구의 오류(begging the question)를 범하고 있는 것이다.

의무의 근거로서의 권리와 법원 결정의 근거로서의 권리를 혼동하지 않도록 주의해야 한다. 이러한 구별을 무시하는 전형적인 예를 MacCormick의 논증에서 발견할 수 있다. MacCormick은 권리가 의무에 논리적으로 선행하는 상황이 있다고 주장한다. 예를 들어 스코틀랜드 법령의 한 조항은, "무유언 사망자(intestate)가 자녀들을 남겨놓고 죽을 때 자녀들은 그 사망자 재산의 전체에 대한 권리를 갖는다."와 같이 권리의 용어로 표현되어 있다.[3] 각 자녀의 권리가 귀속되는 순간, 그것은 "그 재산이나 이에 포함된 특정 재산에 대한 소유권을 포함한 '실질적인 권리'가 아니라" 언젠가 선행하는 요구조건이 충족되면 집행자의 손에 있는 그 재산을 균등하게 분배받을 수 있는 권리이다.[4] "부모가 죽는 순간에 권리가 귀속되지만, 그 순간에는 상응하는 의무를 짊어지는 집행자가 없다." MacCormick에 따르면, 권리의 귀속은 "상응하는 의무를 어떤 다른 특정인에게 귀속하는 것보다 당분간 우선하는데, 이 의무는 집행자가 언젠가 법적으로 제한되거나 지명되었을 때에만 생길 수 있

---

3) D. N. MacCormick, "Rights in Legislation", in Hacker and Raz(eds.), *Law, Morality, and Society*, 1980, p. 190.

4) 상게서, p. 200.

다."5) 반면에 "사망자의 자녀들 중 한 사람은 **법령에 의해 그 에게 주어지는 권리 때문에** 그에 따라 집행자로서 확인되는 우선적인 권리를 지닐 수 있으며, 그처럼 그가 집행자로서 확인 되면 결국 그는 사망자의 재산에 대한 권리를 갖는 자녀들(자신 포함)에게 그 재산을 분배해야 할 의무를 포함하여 **집행자 로서의 의무를 지니게** 될 것이다."6) 따라서 MacCormick에 따르면, "특정인에게 주어지는 권리는 그의 형제자매의 유사한 권리에 상응하는 의무를 수행하는 역할(재산 분배의 역할)을 그에게 확인하는 근거이며, 따라서 이 상황에서도 권리가 의무에 논리적으로 선행한다."7)

만약 문제의 권리가 재산을 균등하게 배분받을 권리라면 상응하는 의무는 그것을 균등하게 배분해야 할 의무이다. 권리가 그 근거가 된다고 간주된 것은 이처럼 할당되지 않은 의무가 아니라, 남겨진 자녀 중 한 사람이 재산을 배분해야 할 의무이다. 그러나 그가 그 의무를 갖게 되는 것은, 그가 재산에 대한 권리를 갖기 때문이 아니라, 관련 법원이 그를 의무 집행자로 지정했을 것이기 때문이다. 자녀들이 너무 어릴 때에는 권리를 갖는 사망자 자녀 이외의 다른 사람을 법원이 지정하는 것이 가능하다. 물론 법원은 의무 집행자를 지정할 때 그가 자녀들 중 일인이고 재산에 대한 권리를 갖고 있다는 사실을 고려했을

---

5) 상게서, p. 200.
6) 상게서, p. 200.
7) 상게서, p. 201.

지도 모른다. 그러나 그것은 **법원 결정**의 근거이지, 그의 의무의 근거는 아니다.[8]

권리와 의무가 서로 함축하는 관계라 할지라도, 하나가 다른 것보다 논리적으로 선행할 수 없다. 권리의 근거는 그에 상응하는 의무의 근거와 같은 것이다.[9] 따라서 권리의 근거를 확립하는 문제 즉 권리를 정당화하는 문제는 그에 상응하는 의무를 정당화하는 문제이기도 하다. 권리(그리고 그에 상응하는 의무)는 어떻게 정당화할 수 있는가? 이 문제를 다루기 전에 두 개의 대안적인 이론으로, 지금까지 권리와 의무의 논의에 많은 영향을 끼쳐온 인간 본성으로부터의 논증과 공리주의적 논증을 먼저 살펴보자.

---

8) 상게서, p. 201.

9) 의무에 대한 권리의 논리적 선행을 주장하면서, 다른 맥락에서 MacCormick은 다음과 같이 주장한다. "부모가 아이들을 돌보아야 할 의무를 갖는 것은 아이들이 보살핌과 양육에 대한 권리를 갖기 때문이라고 말하는 것은 확실히 반대하기 어려운 것처럼 보인다."("Children's Right: A Test-Case for Theories of Rights." *Archiv Fur Rechts und Sozialphilosophie*, Vol. 62, no. 3. 1976, p. 313) 반복해서 말하지만, 아이들의 권리를 부모의 의무의 근거라고 보는 것은 우리를 오도할 수 있다. 아이들이 보살핌과 양육에 대한 권리를 갖는다고 말하는 것은 부모, 정부 혹은 다른 보호자가 아이들에 **대한** 보살핌과 양육의 의무를 갖는다고 말하는 것과 같다. 누구보다 부모가 그러한 의무를 지는 것은 부모는 아이들과 특별한 관계를 맺고 있기 때문이다.

# 1

## 인간 본성으로부터의 논증

도덕을 인간의 본성으로 설명하려는 시도는 Platon과 Aristoteles로 거슬러 올라갈 수 있다.[10] 그러나 그들은 주로 권리나 의무가 무엇인가보다는 훌륭한 삶(good life)이 무엇인가에 주로 관심을 가졌다.[11] 도덕에서 인간 본성의 역할을 강조한 이론은 스토아학파와 중세의 자연법 이론에 의해 계승되었다. 그들은 의무가 도덕적 개념 중에서 가장 중요하다고 생각했지만, 권리는 그들의 도덕 체계에서 중심 개념은 아니었다. 17세기 들어와서야 권리는 도덕이론과 정치이론에서 중요한 역할을 하게 되었다. Leo Strauss가 지적한 것처럼, "근대 이전의 자연법 이론은 인간의 의무를 가르친" 반면에, 근대의 자유주의 정치이론은 "인간의 의무와 구별되는 권리를 기본적인 정치적 사실로

---

10) A. I. Melden(ed.), *Human Rights*, 1970, p. 1.

11) W. Frankena, *Thinking about Morality*, 1980, p. 11, 그리고 *Ethics*, 1973, pp. 32-94 참조.

간주한다."[12] Hobbes나 Locke 등 근대의 자연법 이론가들은 자연권이 인간의 본성에 근거하고 있다고 믿었다.[13] 그들의 이론은 3단원 '사회계약론적 정당화'에서 다루기로 하고, 인간 본성으로부터 인권 혹은 자연권을 끌어내는 현대적인 논증을 먼저 알아보자.

Wasserstrom이 주장한 바와 같이, 어떤 권리를 인권 혹은 자연권으로 인정하는 논증은 거의 모두가 인간은 유사한 어떤 측면이 있다는 사실적 주장으로부터 시작하고, 이 주장으로부터 어떤 인권 혹은 자연권이 있다는 주장으로 나아가는 것이 전형으로 되어 있다.[14] 그러나 이러한 접근법의 문제점은 '가치판단이 사실판단으로부터 어떻게 논리적으로 연역 되어 나올 수 있는가' 하는 점이다. 현대의 철학자들은 인권 혹은 자연권에 대한 논증에 포함된 그러한 논리적 난점을 피하려고 노력하였다. Gregory Vlastos는 명료한 논증 중의 하나를 '정의와 평등'(Justice and Equality)이라는 논문에서 제시하였다.[15] 그는 "우리는 인간의 복지와 자유의 동등한 가치(equal value)를 믿기 때문에 인간의 복지권과 자유권이 **직관적으로**(prima facie)

12) Leo Strauss, *Natural Right and History* (Chicago: The University of Chicago Press, 1953, pp. 181-182).

13) R. W. Lemos, *Hobbes and Locke: Power and Consent* (Athens: The University of Georgia Press, 1978) pp. 75ff.

14) R. Wasserstrom, "Rights, Human Rights, and Racial Discrimination", in D. Lyons(ed.), *Rights* (California: Wadsworth, 1979), p. 51.

15) R. B. Brandt(ed.), *Social Justice*(Englewood Cliffs, New Jersey: Prentice Hall, 1962), pp. 31-72.

평등하다는 것을 믿는다."라고 주장한다.[16] 여기서 Vlastos는 인간 복지와 자유의 동등한 **가치**는 복지와 자유에 대한 인간의 평등한 **권리**를 뒷받침하는 타당한 이유(good reason)라고 생각한다. 이 논증에서 '존재-당위'(is-ought)의 간극은 없지만, 그런데도 인간의 복지와 자유의 동등한 가치로부터 복지와 자유에 대한 평등한 권리를 끌어낼 수 있을 것인지는 여전히 의심스럽다. 이 문제를 다루기 전에 먼저 논증의 전제가 어떻게 확립될 수 있는지를 보기로 한다.

전제는 (1) "한 인간의 복지는 다른 사람의 복지처럼 가치가 있다."와 (2) "한 인간의 자유는 다른 사람의 자유처럼 가치가 있다."로 분석될 수 있다.[17] 인간의 본성에 기초함으로써만 복지가 모든 사람에게 똑같이 가치 있다거나 자유가 모든 사람에게 똑같이 가치 있다고 우리는 말할 수 있다는 것이다. Vlastos는 어떤 좋은 것(goods)이 어떻게 모든 인간에게 똑같이 가치 있는가를 설명하기 위해 모든 인간에게 공통적인 어떤 속성이 있다고 다음과 같이 언급한다.

> 모든 사람이 똑같은 가치를 경험할 수 있는 것이 아니다. 그러나 사람들이 그렇게 할 수 있는 다양한 경우가 있다. 그리하여 아주 분명한 경우를 든다면, A와 B가 생활에서 취향과 스타일이 아무리 다르다 해도 그들은 모두 극심한 신체적 고통의 경감을 바랄 것이다. 그 경우 A가 재능이 있거나 아주 성공적인 사람이고 B는 미천한 사람

---

16) 상게서, p. 52.
17) 상게서, p. 51.

인 것과는 상관 없이, 그들 모두에게 그 점에서는 똑같은 가치를 우리는 부여할 것이다. 사람들이 동일한 좋은 것(goods)을 누릴 수 있는 모든 경우에 그들이 누리는 것의 본래적 가치는 동일하다고 우리는 느낀다. 바로 이러한 의미에서 우리는 (1) "한 인간의 복지는 다른 사람의 복지와 마찬가지로 가치 있다."라고 우리는 주장한다.[18]

Vlastos는 자유 또한 모든 사람에게 똑같이 가치 있다는 것을 보여주기 위해 유사한 논증을 펼친다. 사실상 인간은 여러 경쟁적인 대안들로부터 선택할 수 있는 능력을 지니고 있고, 그렇기 때문에 '자유로울 수 있는 능력'(capacity for freedom)을 지니고 있다는 것을 그는 가정한다.[19] 따라서 만약 앞에서 진술한 일반적인 전제 즉 "사람들이 동일한 좋은 것(goods)을 누릴 수 있는 모든 경우에 그들이 누리는 것의 본래 가치는 똑같다는 것을 우리는 느낀다."라는 전제를 우리가 받아들인다면, 여러 대안들로부터 선택할 수 있는 능력 즉 자유를 가질 수 있는 능력은 모든 사람들에게 똑같이 가치 있다. 따라서 (2) "한 인간의 자유는 다른 사람의 자유처럼 가치가 있다."라고 우리는 주장할 수 있다.

(1)과 (2)를 뒷받침하기 위한 논증에 논리적 오류는 없는 것처럼 보인다. Vlastos는 '자연론적 오류'(naturalistic fallacy)를 범하지 않도록 유의하였다. 왜냐하면 가치판단(인간의 복지와 자유가 모든 사람에게 똑같이 가치 있다는 판단)과 사실판단(인

---

18) 상게서, p. 51.
19) 상게서, p. 49, p. 53 각주

간의 본성에 관한 판단)을 연결하기 위해 그는 매개적인 전제 즉 "사람들이 동일한 좋은 것(goods)을 누릴 수 있는 모든 경우에 우리는 그들이 누리는 것의 본래 가치는 똑같다고 우리는 느낀다."라는 전제를 설정하고 있기 때문이다. 그러나 복지와 자유에 관한 사실적 진술들뿐만 아니라 그 복합적인 진술의 타당성을 검토해볼 필요가 있다.

Wasserstrom은 "동일한 좋은 것을 모든 사람들이 똑같이 누릴 수 있다는 것을 어떻게 보여주는가를 안다는 것은 극히 어려운 일"이고, "고통을 견딜 수 있는 능력과 같은 것을 상호 비교하는 것은 경험적으로나 논리적으로나 가능하지 않은 것처럼 보인다."라고 Vlastos의 주장에 대해 반박한다.[20] 그러나 모든 사람이 똑같이 고통을 견뎌낼 수 있다는 것을 알기 위해 그러한 능력을 상호 비교하는 것이 필요하지는 않다. 왜냐하면 "'똑같이'(equally)라는 말은 모든 사람이 그러한 능력을 어느 정도(in some degree) 지니고 있다는 것을 단지 의미하고 있을 뿐"이기 때문이다.[21] 어떤 사람은 매개적인 전제, 즉 "사람들이 동일한 좋은 것을 누릴 수 있는 모든 경우에 그들이 누리는 것의 본래 가치는 똑같다고 우리는 느낀다."라는 전제에 대하여 반론을 제기한다. Nielsen은 "A와 B가 동일한 것을 원하거나 욕구하거나 누린다는 사실로부터 그리고 어느 X이건 간에

---

20) Wasserstrom, 전게서, p. 54.

21) J. R. Pennock, "Rights, Natural Rights, and Human Rights - A General View", in J. R. Pennock and J. W. Chapman(eds.), *Human Rights*: Nomos XXIII (New York: New York University Press, 1981), p. 16 참조.

(인간이라면) 똑같은 종류의 것을 원하거나 욕구하거나 누린다는 사실(만약 그것이 사실이라면)로부터, 그들이 원하거나 욕구하거나 누리는 것의 본래 가치가 똑같다는 것이 귀결되지는 않는다."라고 반박한다.[22] 만약 전제 자체가 논리적 함축이라면, 사실판단으로부터 가치판단을 논리적으로 끌어낼 수 없기 때문에 Nielsen의 비판은 적절할 것이다. 그러나 그것은 논리적 함축이 아니고 심리적인 함축으로 해석되기 때문에 그것을 반대하기가 어려워 보인다.

이제 우리가 두 전제 즉 (1) "모든 사람은 복지와 자유를 똑같이 누릴 수 있다."라는 전제와 (2) "사람들이 동일한 좋은 것을 누릴 수 있는 모든 경우에 그들이 누리는 것의 본래 가치는 똑같다."라는 전제를 받아들인다면 우리는 "한 사람의 복지와 자유는 다른 사람의 그것들과 마찬가지로 가치가 있다."라는 결론을 내릴 수 있을 것이다. 이 진술로부터 "모든 인간은 복지와 자유에 대한 (직관적으로) 평등한 권리를 갖는다."라는 진술을 끌어낼 수 있다고 Vlastos는 믿는다. 따라서 그러한 좋은 것들(복지와 자유)의 가치로부터 복지와 자유에 대한 권리를 끌어낼 수 있는가 하는 문제에 주목할 필요가 있다. Vlastos는 권리에 관한 진술은 가치에 관한 진술로부터 논리적으로 이끌려 나온다고 생각한다. 그러나 권리는 가치 있는 것에 포섭되기 때문에 권리는 가치 있는 것이지만, 가치 있는 것이라고 해

---

22) K. Nielsen, "Scepticism and Human Rights", *The Monist*, Vol. 52, 1968, p. 590.

서 권리가 있는 것은 아니다. 권리로서 인정되는 것들은 언제나 가치가 있지만, 가치가 있어도 권리로서 인정될 수 없는 것들이 많이 있다. 자선활동은 가치가 있는 것으로 생각되지만 우리가 다른 사람의 자선 행위를 요구할 권리가 있다고 말하지는 않는다. Wasserstrom도 이 점에서는 잘못을 범하고 있는 것처럼 보인다. 그는 "만약 복지를 누리는 것이 **가치가 있는** 것이라면 - 그리고 특히 그것이 본래 가치가 있는 것이라면 - 이것은 결과적으로 우리가 권리를 가져야 할 것처럼 보인다."라고 말한다. 왜냐하면 "만약 어떤 것이 권리에 의해 보호받는 것으로 생각되어야 한다면 그것은 분명히 가치가 있는 것"이기 때문이다.23) 그의 주장의 후반부는 타당할지라도 전반부는 그렇지 않다. 사랑은 모든 사람에게 가치가 있는 것이지만 다른 사람으로부터 사랑을 받을 권리가 있다고 말하기는 어렵다.

Wasserstrom은 "우리가 단지 복지와 자유를 아주 가치가 있다고 생각한다는 것을 더 이상 지적할 필요가 없다."라고 주장하면서, 한편으로 우리가 복지와 자유에 대한 권리를 갖는가 하는 문제에 대하여 "또 하나의 보다 일반적인 답변"을 제시한다.24) 즉 "자신의 능력을 계발하고 인간으로서 살아가기 위해 반드시 요구되는 최소한의 것들을 권리(entitlements)로서 요구할 수 있어야 한다."라는 것이다. 그리고 복지와 자유가 그러한 최소한의 것들이라는 것이다.25) 복지권과 자유권에 대한 이러

---

23) Wasserstrom, 상계서. 53.

24) 상계서, 53.

한 논증은 그 기본 구조에서는 Gewirth의 논증과 유사하다. Gewirth의 논증은 인간의 성공적인 행위에 필수적인 조건들로 부터 인권을 끌어낸다. Gewirth의 권리 논증이 많은 사람들에 의해 논의되고 있기 때문에 다음에는 그의 논증을 자세하게 살 펴보기로 한다.

Gewirth는 인권을 "모든 사람이 단지 인간이기 때문에 갖는 권리"로 이해한다.[26] 인권을 정초하기 위해 그가 취하는 첫 번 째 단계는 모든 인간의 특성이라 할 수 있는 어떤 특징을 확인 하는 것이다. 그리고 Gewirth에 따르면 그러한 특징은 행위 능 력(capacity for action)에 있다. 자유와 복지가 행위를 위한 필 요조건이라는 것을 가정하면서 그는 모든 인간은 자유권과 복 지권을 지닌다고 주장한다. 인권에 대한 그의 논증은 다음과 같이 요약할 수 있다. 자유와 복지는 행위를 위한 그리고 성공 적인 행위 일반을 위한 필요조건이기 때문에 어떠한 행위자도 이러한 조건들이 없이 그의 목적을 달성할 수 없다. 따라서 모 든 행위자는 (1) "나는 자유와 복지를 지녀야 한다". (1)을 받아 들임으로써 그는 (2) "나는 자유권과 복지권을 갖는다."라는 것 을 받아들여야 한다. 만약 (2)를 부정하면, 요구권과 엄밀한 의 미의 '해야 함'(ought)의 상관성 때문에, 그는 또한 (3) "모든 사 람들은 나의 자유와 복지를 박탈하거나 혹은 방해하는 것을 어

---

25) 상게서, 53.

26) A. Gewirth, "The Basis and Content of Human Rights", in J. R. Pennock and J. W. Chapman, *Human Rights*: Nomos XXIII (New York: New York University Press, 1981), p. 119.

떻게든 삼가야 한다."라는 것을 부정해야 한다. (3)을 부정함으로써 그는 (4) "다른 사람들은 나의 자유와 복지를 박탈하거나 방해할 수 있다."(그렇게 하는 것이 허용될 수 있다.)라는 것을 받아들여야 한다. 그리고 (4)를 받아들임으로써 그는 (5) "나는 자유와 복지를 지닐 수 없다."(그것들을 지니지 못하는 것이 허용될 수 있다.)라는 것을 받아들여야 한다. 그러나 (5)는 (1)과 모순된다. 모든 행위자는 (1)을 받아들여야 하므로 그는 (5)를 거부해야 한다. 그리고 (5)는 (2)의 부정으로부터 이끌려 나오므로 모든 행위자는 (2) "나는 자유권과 복지권을 지닌다."라는 것을 받아들여야 한다.[27] Gewirth는 이 권리들을 '일반적 권리'(generic rights)라고 부르지만 아직 도덕적 권리라고 부르지는 않는다. 왜냐하면 그것들의 기준은 행위자가 자신의 목적을 스스로 추구하는 것이기 때문이다. 그것들이 또한 도덕적 권리이며 인권으로 확립되기 위해서는 모든 다른 사람들이 또한 그러한 권리들을 지닌다는 것을 각 행위자가 인정해야 한다는 것을 보여주어야 한다. 모든 사람들이 그러한 권리들을 갖는다는 것을 증명하기 위해 Gewirth는 논리적인 보편성의 원리(principle of universality)를 사용한다. 그 원리는 다음과 같다. "만약 어떤 주체 S가 Q라는 속성을 갖고 있기 때문에('때문에'는 충분조건을 의미함) 어떤 술어 P가 S에 속한다면, Q를 가진 모든 주체는 P를 갖는다는 것이 논리적으로 귀결된다.[28] 자유

---

27) A. Gewirth, "The Basis and Content of Human Rights", p. 129 and "Why Agents Must Claim Rights: A Reply", *The Journal of Philosophy*, 1982, pp. 403-404.

와 복지는 인간 행위의 '일반적 특징'이고 그것들은 한 주체가 '일반적 권리'를 갖기 위한 충분조건이기 때문에 모든 인간은 그러한 권리를 갖는다. 따라서 우리는 인권의 기초에 도달한다고 Gewirth는 믿는다.

인권에 대한 Gewirth의 논증은 성공적이지 못하다. 핵심적인 문제는 그의 논증의 첫 번째 단계, 즉 "나는 자유와 복지를 지녀야 한다."라는 진술로부터 "나는 자유와 복지에 대한 권리를 지닌다."라는 진술로 나아가는 논증이다. 문제의 핵심은 (4)로부터 (5)로의 추론에 있는 것처럼 보인다. 행위자가 (4) "다른 사람들이 나의 자유와 복지를 방해해도 된다."라는 진술을 받아들여야 한다 할지라도 (5) "나는 자유와 복지를 지닐 수 없다."라는 진술을 받아들여야 한다는 것이 귀결되지 않는다. 예를 들면 다른 사람이 경기장의 특정 관람석을 먼저 잡음으로써 내가 그것을 잡을 수 있는 자유를 방해할 수 있다. 그러나 이로부터 나는 그 좌석을 잡을 수 있는 자유를 갖지 못한다는 것이 귀결되지는 않는다. 내가 어떤 것을 할 수 있는 자유가 존재하는 것은 다른 사람이 나의 그러한 자유를 방해하는 것과 양립 불가능한 것이 아니다. 따라서 행위자가 "나는 자유를 지녀야 한다."라는 것을 받아들인다 할지라도 이로부터 그가 "나는 자유권을 지녀야 한다."라는 것을 반드시 받아들여야 하는 것은 아니다.

Gewirth는 또한 두 유형의 권리를 동일한 근거에서 정당화

---

28) Gewirth, 상게서, p. 130.

하려고 하는 데에서 잘못을 범하고 있다. 그는 자유를 복지권과 마찬가지로 요구권으로 이해하고, 다른 사람의 자유를 방해해서는 안 되는 상응하는 의무가 있는 것처럼 말하고 있다. 그러나 다른 사람의 상응하는 의무가 있는 것처럼 자유를 해석할 때 발생할 수 있는 문제점은 앞 장에서 설명하였다.[29] 자유는 복지권과 다른 유형의 권리이다. 그리고 그것은 복지권과 같은 방식으로 정당화되는 것이 아니다. 자유는 정당화를 요구하지 않는다. 그것은 그냥 존재하는 것이다. 정당화되어야 하는 것은 자유의 제한이며, 이것은 요구권이나 그에 상응하는 의무의 생성을 의미한다. 복지권은 요구권이며, 다른 사람의 상응하는 의무가 있다. 그렇다면 Gewirth가 복지권을 정당화하는 데 성공하였는지 알아보자.

다른 사람의 의무가 없는 자연의 상태에서는 어떠한 행위자도 "다른 사람이 나의 복지를 박탈하거나 방해해서는 안 된다(안 되는 의무를 갖는다.)"라거나 혹은 상관적으로, "나는 복지권을 갖는다."라고 말할 수 없다. 따라서 자연의 상태에서 모든 행위자는 (4) "다른 사람들이 나의 복지를 박탈하거나 방해할 수 있다(다른 사람들이 그렇게 하는 것이 허용된다.)"라는 것을 받아들여야 한다. 그러나 이로부터 (5) "나는 복지를 지닐 수 없다(지니는 것이 허용되지 않는다.)"라는 것이 귀결되지 않는다. 그는 여전히 "나는 복지를 지녀야 한다."라는 것을 말해도 자기모순이 되지 않는다. 왜냐하면 여러 가지 상황에서 자신의

---

29) 제2장, 3. 호펠드의 권리 체계: 권리의 유형 참조.

계획이나 목적을 달성하기 위해 모든 행위자는 생명과 신체의 안전, 교육 등과 같은 복지를 필요로 하기 때문이다.[30] 다시 말해, 자연의 상태에서 모든 행위자는 "나는 복지를 지녀야 한다." 그러나 "나는 복지권이 없다(다른 사람이 나의 복지를 박탈하거나 방해할 수 있다.)"라고 동시에 말할 수 있다. 따라서 그는 "나는 복지를 지녀야 한다."라는 것을 받아들여도, "나는 복지권을 갖는다."라는 것을 받아들여야 한다는 것이 논리적으로 귀결되지는 않는다.

지금까지 나는 자유권과 복지권이 인간 행위의 필요조건으로부터 논리적으로 귀결될 수 없다는 것을 보여주려고 하였다. 결과적으로 인권에 대한 Gewirth의 논증은 타당하다고 볼 수 없다.

인간 본성으로부터의 인권 논증은 모든 인간이 공유하는 어떤 특성을 고려한다는 점에서 장점을 지니고 있다. 그러나 그것이 인권의 내용을 확인하기 위한 기준이 될 수 있긴 하지만 그 자체가 인권을 인간에 귀속시킬 수 있는 근거나 이유가 될 수는 없다. 인간 본성으로부터의 논증은, 어떤 종류의 권리이건 그것을 인간이 소유하는 것은 그가 규칙의 체계에 의해 규제되는 사회에 소속되어 있다는 것을 전제한다는 것을 무시하고 있다는 점에서 그 근거가 약하다. 권리나 의무는 어떤 종류의 규칙으로부터 나온다. 이 점은 (규칙) 공리주의에 의해 잘 인식되고 있다. 다음에 공리주의적 정당화를 살펴볼 것이다.

---

30) Gewirth, 전게서, pp. 134-135.

# 2

# 공리주의적 정당화

공리주의는 John Stuart Mill이 선언한 바와 같이, "공리 혹은 행복이 옳거나 그름의 기준이라는 이론"이다.[31] 공리주의는 대부분의 경우 권리 이론으로서보다는 옳은 행위 혹은 의무 이론으로서 발전되어 왔다. 공리주의자들은 권리의 개념은 의무에 의해 정의되거나 설명될 수 있다고 생각한다. 이 단원에서는 의무가 공리주의에 근거해서 확립될 수 있을지라도 권리는 의무에 의해 설명될 수 없다는 것을 주장할 것이다. 다음에 권리는 사회적 효용성과 관련되어 있는 것이 아니며, 공리주의적으로 정당화가 이루어질 수 있는 것이 아니라는 것을 설명할 것이다. 마지막으로 공리주의적 규칙의 구속력과 관련하여 의문을 제기하고, 공리주의적 규칙은 그 자체 구속력을 결여한다는 것을 주장할 것이다.

---

31) J. S. Mill, *Utilitarianism*, Chap., V. Par. 1.

공리주의는 크게 보면 두 가지 형태, 즉 행위 공리주의와 규칙 공리주의로 구분된다. 행위 공리주의는 선택 상황에서 특정 행위에 직접 공리의 원리를 적용하도록 요구하며, 그에 따라 옳은 행위는 모든 대안들 가운데에서 최대한의 가능한 사회적 효용성을 산출하는 행위이다. 그리고 규칙 공리주의에 의하면 행위는 공리의 원리에 의해 정당화되는 규칙에 비추어 옳거나 그름이 결정될 수 있다.

행위 공리주의는 의무나 권리를 적절히 설명할 수 없기 때문에 널리 비판받아 왔다. 많은 학자들이 논의해온 것처럼, 행위 공리주의는 어떤 상황에서 죄 없는 사람을 희생시키는 것이 사회적 효용성을 극대화하는 데 기여한다면 그것을 허용하거나 심지어 요구할 수도 있다. 그러나 무고한 사람을 희생시키는 것은 개인의 생명권에 위배되는 것이다. 사회적 효용이 조금만이라도 증가한다면 권리의 이름으로 보호되는 것을 침해하는 것이 허용될 수 있기 때문에 그러한 공리주의적 체계 안에서 개인의 권리에 관해 말하는 것은 의미가 없다. 의무 이론으로서 행위 공리주의는 의무 이상의(supererogatory) 행위를 의무로 만들 수 있다는 점에서 또한 비판을 받는다. 예를 들면 아프리카에서 슈바이처의 희생보다 아프리카 사람들의 이익이 훨씬 능가할지라도, 그의 활동은 의무 이상의 행위로 결코 의무에 해당하는 것은 아니다.32) 이처럼 행위 공리주의는 권리나

---

32) R. Attfield, "Optimific, Right, But Not Obligatory", *Canadian Journal of Philosophy*, Vol. XII. 1982, pp. 317-320 and R. I Sikore, "Utilitarianism, Supererogation, Future Generation", *Canadian Journal of Philosophy*, Vol. IX,

의무를 그 안에 수용하거나 설명할 수 없으며, 그것들에 대한 근거를 제공하는 것은 더더욱 어렵다.

그러한 반론에 대응하기 위해 공리주의는 다음과 같은 형식으로 재구성될 수 있을 것이다. "한 행위가 의무이거나 그른 것은 그러한 종류의 행위를 일반적으로 수행하는 것이 이 세상을 각각 더 좋도록 만들거나 더 나쁘게 만든다는 것을 의미한다.[33] 이러한 유형의 공리주의를 '규칙 공리주의'(rule utilitarianism)라 부른다. 규칙 공리주의에 의하면, 행위를 옳거나 그르게 만드는 것은 좋건 나쁘건 그것의 결과가 아니라, 문제 되는 행위와 똑같은 형태의 행위를 **전체적으로** 수행할 때의 효용성이나 비효용성(disutility)이다.[34] 다시 말해 한 행위가 옳으냐 그르냐는 공리의 원리에 직접 호소함으로써가 아니라, 공리주의적 근거에 의해 정당화되는 규칙에 호소함으로써 결정된다.

규칙 공리주의는 행위 공리주의가 직면하는 많은 문제들을 해결할 수 있는 것처럼 보인다. 일을 끝내고 피곤한 채 집으로 운전하고 가다가 내가 당신의 집을 들이받아 큰 손해를 입혔다고 가정해보자. 당신은 부자여서 당신이 파손된 집을 수리하는 데 별로 큰돈이 들지 않지만, 나는 가난해서 자식들을 먹여 살리는 것조차 걱정해야 하는 상황이다. 행위 공리주의를 따르면, 나는 파손된 집의 수리비를 내가 지불하는 것은 당신이 지불하

---

197, pp. 461-466.

33) R. B. Brandt, "Utilitarian Theory of Excuses", *Philosophical Review*, 78, 1976, p. 346.

34) 상게서, p. 346.

는 경우보다 더 많은 불행을 가져오기 때문에 나는 수리비를 지불해야 할 의무가 없다. 누가 손해를 끼쳤는가의 문제는 누구에게 의무를 귀속시키는가의 문제와는 아무런 관련성이 없다. 그러나 규칙 공리주의에 의하면 나는 손해를 배상해야 할 의무가 있다. 손해를 배상해야 할 의무는 공리의 원리에 직접 호소함으로써 결정되는 것이 아니라 다른 사람의 재산에 손해를 끼친 사람은 그것에 대해 배상해야 할 의무가 있다는 것을 규정하는 규칙에 의해 결정된다. 그리고 이 규칙은 공리의 원리에 의해 정당화된다. 즉 다른 사람에게 가해진 손해를 배상하는 관행이 그렇지 않은 관행보다 더 많은 사회적 효용을 가져온다.

행위 공리주의에 의해 허용될 수 있는 무고한 사람의 희생은 규칙 공리주의에서는 허용되지 않는다. 무고한 사람의 희생이 어떤 상황에서는 전체적인 사회적 효용성을 산출하는 데 기여할지라도 그러한 관행을 허용하는 규칙을 채택하면 사회적 효용성이 산출되지 않는다. 무고한 사람을 희생시키는 것이 가끔 전체적인 사회적 효용성을 극대화할지라도 우리는 그들을 희생시켜서는 안 될 의무가 있다. 이러한 의무는 무고한 사람을 희생시켜서는 안 된다는 규칙으로부터 나오는데, 그 규칙은 규칙 공리주의에 따르면 공리의 원리에 의해 정당화된다.

그러나 규칙 공리주의는 행위 공리주의가 직면하는 문제, 즉 의무 이상의 행위를 의무로 만드는 문제를 또한 피할 수 없다. 다른 사람에게 많은 양의 행복을 가져오기 위해 단지 약간의 희생이 필요한 어떤 종류의 행위를 상상하는 것은 그렇게 어렵지 않다. 사형선고를 받은 범죄자가 눈, 콩팥 등 자신의 신체기관의 일부를 그것이 필요한 사람에게 기증해야 한다는 규칙을 우리가 갖는다고 가정해보자. 다른 예를 든다면, 계산대에서 지불하기 위해 자신의 순서를 기다리는 사람이 현저하게 적은 품목을 가진 다음 손님에게 먼저 지불하도록 해야 한다는 규칙을 가정해보자. 의심할 여지가 없이 이러한 규칙들은 사회적 효용성의 극대화에 도움을 주기 때문에 공리주의적 근거에 의해 정당화될지 모르지만, 그러한 규칙에 의해 규정된 행위들은 의무 이상의 행위로 분류될 수 있을지라도 의무라고 말하기는 어려울 것이다. 따라서 공리의 원리는 직접뿐만 아니라 간접적으로도 의무를 결정할 수 없다고 주장할 수 있다. 그렇다면 권리를 보통 의무로 정의하거나 설명하는 공리주의는 결국 권리도 적절히 설명할 수 없게 된다.

의무는 어떤 종류의 처벌이나 제재에 대한 언급 없이는 설명될 수 없다는 것을 Mill은 다음과 같이 주장하였다.

우리가 어떤 것을 나쁘다고 말하려면, 그 행위를 한 것에 대하여 어떤 방식으로든, 법에 의해서가 아니면 동료 시민들의 여론에 의해서, 여론에 의해서가 아니면 자신의 양심의 가책에 의해 처벌받아야 한다는 의미를 담고 있어야 한다. 이것은 도덕과 단순한 편의주의(expediency)를 구별할 수 있는 진정한 전환점인 것처럼 보인다. 사람이 마땅히 의무를 이행해야 한다는 것은 모든 형태의 의무 개념에 포함되어 있다. 의무는 마치 빚을 강제하는 것처럼 사람에게 강제할 수 있는 것이다. …이에 반해, 사람들이 했으면 하고 바라는 것이 있다. 하는 것에 대해 우리가 좋아하거나 찬양하고, 하지 않은 것에 대해서는 싫어하는, 그러나 반드시 해야 하는 것은 아니라는 것을 우리가 인정하는 다른 것들이 있다. 그것은 도덕적 의무의 경우가 아니다. (그것을 하지 않았다고 해서) 우리는 그들을 비난하지 않으며, 처벌하는 것이 적절하다고 생각하지 않는다.[35]

이처럼, Mill에 의하면 의무의 위반은 어떤 종류의 처벌을 수반하지만, 의무를 초과한 행위나 단순히 바람직한 행위의 불이행은 그렇지 않다. 처벌이나 제재를 의무의 본질적 요소로 보는 공리주의는 앞에서처럼 규칙 공리주의가 직면할 수 있는 문제들을 피하는 것처럼 보인다. 그리하여 그와 같이 제한된 공리주의는 의무를 초과하거나 단순히 바람직한 행위를 하지 않아도 처벌이나 제재를 받는 것이 아니기 때문에 그러한 행위들을 의무로 만들지 않는다. 의무 이상의 행위를 하지 않을 때마다 처벌을 받거나 죄책감을 느낀다고 가정해보자. 그럴 경우 이 세상 사람들은 너무나 많은 불필요한 걱정이나 죄책감을 갖게 될 것이다. 이 글을 쓰고 있는 이 순간에도 나는 보다 더 많은 사회적 효용성을 산출할 수 있는 행위를 하지 않은 것에 대해 죄책감을 느껴야 할 것이다.

따라서 어떤 종류의 행위가 의무인가 아닌가를 결정하기 위해 그것을 규제할 때의 이익뿐만 아니라 비용(cost)까지도 - 제재의 비용을 포함해서 - 고려해야 한다고 제안할 수 있다. 법적인 규칙은 모든 사람이 따를 경우 가장 좋은 결과를 단순히

---

35) Mill, *Utilitarianism*, Chap., V, Par. 14.

산출하기 때문이 아니라, 그것을 유지할 경우의 비용을 제외한 순 이득이 어떤 다른 규칙의 그것보다 더 많기 때문에 채택한다는 것을 우리는 알 수 있다. Brandt가 말하는 바와 같이, 도덕 체계도 마찬가지로 사회적 이익과 비용(혹은 대가)을 모두 산출한다.

> 그것은 많은 측면에서 사회에 이익을 제공한다. 예를 들면 법이 예방할 수 없는 개인적인 피해를 예방함으로써, 결과적으로 개인의 안전감을 고양함으로써, 사람들이 제도 안에서의 자기 지위에 의해 맡게 되는 역할이나 다른 방식으로 자신에게 의무를 지우는 역할을 수행하도록 하는 등 협동적인 행위로부터 가능한 이득을 얻도록 함으로써, 사회에 이익을 제공한다.36)

그러나 "많은 사람들이 지나친 죄책감의 부담을 안거나" 혹은 "어떤 사람들은 자신의 의무에 대해서 그리고 다른 사람들로부터 도덕적 비판을 받을 가능성에 대해서 너무나 신경을 쓰기 때문에 자신의 복지에 중요한 확고한 결정을 내리지 못하게 되는 그러한 대가를 또한 감당해야 한다."37) 무엇을 의무로 보아야 할 것인가를 결정할 때 우리는 사람들이 어떤 방식으로 행동할 때의 이익뿐만 아니라 그런 방식으로 행동하도록 동기화할 때의 비용도 고려해야 한다. 법적인 체계와 도덕적인 체계는 "이익과 함께 비용도 고려 속에 넣도록 고안되어야 한다

---

36) R. B. Brandt, 전게서, p. 351.
37) 상게서, pp. 351-352.

."38) 따라서 이 정교한(sophisticated) 공리주의에 의하면 의무는 행위를 규제할 때의 비용(근심, 죄책감과 같은 제재의 비용을 포함하여)이 규칙으로부터 얻게 되는 이익을 넘어서지 않아야 한다는 공리주의적 계산의 바탕 위에서 확립될 수 있다.39)

이러한 형태의 공리주의는 또 다른 형태의 규칙 공리주의인데, 특히 행위 공리주의와 앞에서 논의한 일상적인 규칙 공리주의가 직면하는 의무 이상의 행위와 관련된 난점을 포함하여 많은 문제를 해결할 수 있는 것처럼 보인다.40) 이러한 정교한 공리주의의 시조는 사실상 Bentham과 Mill이다. 정교한 공리주의는 처벌과 제재를 의무의 본질적인 요소로 본다. 정교한 형태의 공리주의는 Brandt가 유지해왔는데, 대부분의 현대 규칙 공리주의자들은 그것을 무시하였다.41)

우리는 권리에 관심을 두고 있기 때문에 그러한 형태의 공리주의가 권리에 대해 무엇을 말하고 있는지를 알아보기로 하자. 공리주의자들 중에 Bentham과 Mill만이 권리에 대해 많은 생

---

38) Brandt, *A Theory of the Good and the Right*, p. 199.

39) D. Lyons, "Mill's Theory of Justice", in A. Goldman and J. KIm(eds.), *Values and Morals*(Holland: D. Reidel, 1978), pp. 11, 15: D. Lyons, "Human Rights and the General Welfare", in D. Lyons(ed.), *Rights*(California: Wadsworth, 1979), p. 184 참조.

40) 위에서 논의한 공리주의는, 행위의 규제가 일반적인 규칙과 그러한 규칙에 따른 제재를 통해 이루어지기 때문에 일종의 규칙 공리주의이다. D. Lyons, "Human Rights and the General Welfare", 상게서, p. 180 참조.

41) D. Lyons, "Human Rights and the General Welfare", 상게서, p. 181 참조. Mill이 행위 공리주의를 암시하는 말을 한 것은 사실이다(*Utilitarianism*, Chap. II, Par. 2). 그리고 이것은 가끔 그가 행위 공리주의자라는 증거로 인용된다. 그러나 만약 그가 행위 공리주의자라면 권리와 의무에 관한 그의 주장은 공허할 것이다(Lyons, "Mill's Theory of Justice", 상게서, p. 175).

각을 하였다.[42] Bentham은 제도 안에서의 권리를 생각하였으나, 제도를 비판할 때 우리가 호소할 수 있는 권리에 대해서는 생각하지 않았다. 그는 도덕적 권리, 혹은 자연권 또는 인권, 즉 "실정법과 그것의 집행 권한에 의존하지 않는 권리"에 대한 관념을 거부하였다.[43] 그에게 존재하는 유일한 권리는 제도적이거나 법적인 권리이다. Bentham은 권리를 의무로 분석하였다. 그는 "권리는 의무를 부과하거나 부과하지 않음으로써 확립되거나 부여된다."라고 말하였다.[44] 여기서 '권리는 두 가지 의미, 즉 호펠드적인 요구권과 자유권의 의미를 포함하고 있다. 요구권과 자유권 모두가 의무로 설명된다. 권리의 첫 번째 종류는 법이 부과한 의무로부터 나오고, 두 번째 종류는 법적 의무의 부재로부터 나온다.[45] Bentham의 주장은 의무가 권리에 논리적으로 선행한다는 것을 암시한다. 그는 권리(요구권)와 자유는 각각 의무의 존재와 부재에 의존한다고 주장하고 있다. 그러나 어느 하나가 다른 것에 논리적으로 선행하지 않는다는 것을 앞에서 설명하였다. 둘 사이의 유일한 관계는 상호 함축(mutual entailment), 즉 논리적으로 동치 관계(logically equivalent)이다.

---

42) D. Lyons, "Human Rights and the General Welfare", 상게서, p. 175.

43) D. Lyons, *Rights*, p. 2.

44) J. Bowring(ed.), *The Works of Jeremy Bentham*, Vol. III, 1848, p. 181.

45) 상게서, pp. 181, 217-218. Bentham은 호펠드의 '면제권'에 상응하는 요소를 포함하지는 않았지만, 실제로 세 가지 종류의 주요 권리, 즉 호펠드의 '요구권', '자유' 혹은 '특권'(privilege) 그리고 '권한'(power)에 대체로 상응하는 권리를 구별하였다(H. L. A. Hart, "Bentham on Legal Rights", in D. Lyons (ed.), *Rights*, p. 217).

호펠드의 권리 체계가 보여주는 것처럼, 자유는 의무의 부재를 함축하고, 의무의 부재는 자유를 함축한다. 어떤 것을 할 수 있는 자유는 그것을 하지 말아야 할 의무가 없기 **때문에** 존재하는 것이 아니다. 자유와 의무의 부재는 상호 함축 관계이며, 그 중 하나가 다른 것의 이유나 근거가 되는 것이 아니다.

의무와 권리 간에는 논리적 선행 관계는 말할 것 없고, 상호 함축 관계가 언제나 있는 것도 아니다. 의무가 공리주의에 근거해서 확립된다고 가정해도, 어떤 사람에게 상응하는 권리가 있다는 것이 반드시 귀결되지는 않는다. Bentham에 따르면 모든 법적 의무는 두 가지 경우— '자기 관련적인'(self-regarding) 의무 즉 오로지 의무가 부여된 사람의 이익을 위해서 법이 부과한 의무와 어떠한 사람도 이익을 얻지 못하는 '금욕적인'(ascetic) 의무—를 제외하고 그것의 이행으로 인하여 이익을 얻게 될 것으로 기대되는 사람이 상응하는 권리를 갖는다.46) 예컨대 살인을 금하는 의무는 개인의 이익에 직접 도움이 되며, 그러한 의무를 어기는 것은 필연적으로 특정인에게 해악을 끼치기 때문에 개인의 권리를 침해하게 된다. 그러나 법적 의무가 개인의 이익에 간접적으로만 기여하는 경우들이 있다. 소득세 납부의 의무는 궁극적으로 개인의 이익에 도움을 줄 수도 있지만, 이러한 가능한 이익들이 그러한 의무의 이행으로부터 직접 이끌려 나오지는 않으며, 그것을 어김으로써 어떤 해악을 개인에게

---

46) J. Bentham, *Of Law in General*, p. 58; J. Bowring(ed.), *The Works of Jeremy Bentham*, Vol. III. p. 181.

직접 끼치는 것은 아니다. Lyons가 '유용한'(useful) 의무47)라고 부르는 그러한 법적 의무는 공리주의에 근거해서 정당화될 수 있지만, 그것의 수익자가 어떤 법적인 권리를 갖는다고 말할 수는 없다. 그러한 법적 의무를 이행하지 않은 것이 필연적으로 어떤 사람의 법적인 권리를 침해했다고 말하기는 어렵다.

어떤 법적인 규칙을 따라야 할 정치적 의무에 상응하는 도덕적인 권리를 우리가 인정한다면 상황은 달라진다. 그 경우에는 사회의 모든 구성원이 소득세를 납부하도록 강제하는 법적인 규칙을 다른 사람이 준수하도록 요구하는 도덕적인 권리, 즉 세법을 지켜야 할 도덕적 혹은 정치적 의무에 상응하는 도덕적 권리를 갖게 될 것이다. 그러나 도덕적인 권리는 Bentham이 거부하는 권리이다.

Mill은 법적인 권리뿐만 아니라 도덕적인 권리를 인정하였다. Mill도 권리를 의무로 설명하였다. 어떤 종류의 행위가 의무이어야 하는가는 Mill에 따르면 제재의 비용을 고려한 공리주의적 근거 위에서 결정되어야 한다. 의무 이상의 행위는 의무가 될 수 없다. 왜냐하면 그러한 행위를 규제하는 비용(제재의 비용을 포함하여)은 그로부터 발생하는 이익보다 더 크기 때문이다. Mill은 모든 의무가 권리와 상관관계에 있는 것이 아니라는 것을 인정한다. 그는 정의의 의무와 다른 도덕적 의무, 혹은 '완전한' 의무와 '불완전한' 의무를 서로 구별하였다.48) 완전한 의무는 "그것과 상관관계에 있는 권리가 어떤 사

---

47) D. Lyons, "Rights, Claimants, and Beneficiaries", 상게서, p. 68.

람 혹은 사람들에게 존재하는 의무이고, 불완전한 의무는 어떠한 권리도 발생시키지 않는 도덕적 의무이다."[49] 따라서 완전한 의무는 권리와 상관관계에 있는 반면에 불완전한 의무는 권리를 산출하거나 그것에 상응하지 않는다. 그렇다면 전자가 권리를 산출하거나 그것과 상관관계에 있는 반면, 후자는 그렇지 않다는 규정적 특성(defining feature)과는 별도로 완전한 의무와 불완전한 의무를 구별하는 실질적 기준은 무엇인가?

Mill은 완전한 의무는 불완전한 의무와 달리 특정 시간에 특정인에게 행동하도록 요구하는 것이라는 것을 제시한다. 그는 "관대(generosity)나 선행(beneficence)의 덕목을 어떤 특정인에게 도덕적으로 실천해야 하는 것이 아니기 때문에 어떠한 사람도 우리가 그러한 행위를 하도록 요구할 도덕적 권리가 없다."라고 말한다.[50] 우리는 "진정으로 그러한 의무를 실천해야" 하지만, "어떤 규정된 시간에 특정인(definite person)에게 해야 하는 것은 아니다."[51] Mill에 따르면, 그러한 덕목들을 실천하는 것은 우리가 그것을 해야 한다는 점에서 의무이지만, 특정 시간에 특정인에게 하는 것이 아니기 때문에 도덕적인 권리가 생성되는 것은 아니다.

완전한 의무와 불완전한 의무를 구별하기 위해 특정성

---

48) Mill은 '완전한' 의무와 '불완전한' 의무 간의 구별은 "정확히 정의와 다른 도덕적 의무 간에 존재하는 구별과 일치한다."라고 말한다(Utilitarianism, Chap. V. Par. 15).

49) 상게서, 같은 곳.

50) 상게서, 같은 곳.

51) 상게서, 같은 곳.

(determinacy)의 기준을 사용하는 것은 그렇게 만족스러운 것이 아니다. 우리는 일반적 의무 즉 사람 일반에게 행해야 할 의무가 있다. 다른 사람을 죽이거나 폭행하거나 다른 사람의 재산이나 사생활을 침해해서는 안 되는 의무와 같은 일반적 의무들은 각각 생명권, 신체안전권, 재산권, 사생활권과 상관관계에 있다. 예컨대 무고한 사람을 죽여서는 안 되는 의무는 어떤 특정 시간에 특정인에게 이행하는 것이 아니라 어떠한 순간에도 무고한 사람이 누구이건 간에 이행해야 할 의무이다. 그러나 이 경우의 의무는 완전한 의무의 규정적 특성, 즉 권리와 상관관계에 있다는 특성에 비추어 본다면 완전한 의무로 간주된다. 그 의무는 생명권과 상관관계에 있다. 따라서 특정성의 기준은 어떤 의무가 완전하거나 불완전한가, 즉 그것이 권리와 상관관계에 있는가를 결정하는 데 도움이 되지 않는다.

의무가 공리주의적 기초 위에서 확립된 규칙으로부터, 특히 제재의 비용을 고려한 규칙으로부터 이끌려 나온다고 가정할지라도, 권리는 의무로 설명될 수 없다는 것을 지금까지 설명하였다. 그렇다면 이제 권리를 의무를 통해서가 아니라 공리주의적 기초 위에서 정당화된 규칙으로부터 직접 끌어낼 수 있다고 주장할 수도 있다. 예를 들어 개인의 생명권은 '각 개인은 생명권을 갖는다.'라는 규칙으로부터 이끌려 나올 수 있다는 것이다. 그리고 이 규칙은 공리주의적 근거 위에서 정당화될 수 있다고 공리주의자는 말할 수 있을 것이다. 각 개인이 생명권을 갖는다면 이는 사회적 효용성에 기여하는 것은 사실이다.

그러나 개인이 생명권을 갖는 것이 사회적 효용성을 증진한다 할지라도 이로부터 생명권이 공리주의적 근거 위에서 정당화된다는 것이 귀결되지는 않는다. Dworkin이 올바로 지적했듯이, 개인의 권리는 전체적인 효용성의 증진에 도움이 된다는 생각 - 이것은 참이거나 참이 아닐 수 있다 - 은 권리 자체의 옹호와는 관련성이 없다.52) 개인의 권리는 융합된(conflated) 사회적 효용성이 아니라 개별화된(individuated) 이익과 관련되기 때문이다.

권리는 공리주의적 근거에서 보면 우선성에서 뒤로 밀려날 수도 있다. 친구와의 약속을 지키는 대신 외진 곳에 홀로 남겨진 사고 희생자를 구출하는 것이 옳을지 모른다. 이 경우에 약속을 지킬 것을 요구하는 친구의 권리는 공리주의적 근거에서 볼 때 우선순위가 뒤로 밀릴 수 있다. 그러나 어떤 행위가 특정 상황에서 옳은가를 결정하는 것과 권리 또는 그것의 상관적인 의무의 근거를 확립하는 것은 서로 다른 문제이다. 대부분의 경우 권리를 존중하고 그것의 상관적인 의무를 수행하는 것이 옳다. 그러나 그것은 우선적인 권리와 의무가 없는 경우에 타당하다. 갈등 상황에 직면할 때 우리는 그 특수 상황에서 어느 행위를 하는 것이 옳은가를 결정해야 할 것이다. 그러한 상황에서 우리가 무엇을 해야 할지는 제재의 비용을 고려하여 공리주의적 근거에서 결정할 수도 있다. 두 사람이 불에 휩싸인

---

52) R. Dworkin, *Taking Rights Seriously* (Cambridge, Massachusetts: Harvard University Press, 1982), p. 271.

건물 안에 갇혀 있고 주변에 당신만이 있다고 가정해보자. 고작해야 한 사람만을 구할 시간이 있다. 그중의 한 사람은 그저 평범한 당신의 아버지이고 다른 사람은 암 치료 약을 개발할 가능성이 아주 높은 위대한 과학자이다.[53] 과학자를 구출함으로써 훨씬 더 많은 사회적 효용성이 산출될지라도, 제재의 비용을 그 체계 안에서 고려하는 공리주의는 당신의 아버지를 먼저 구출해야 한다고 주장할 것이다. 왜냐하면 당신의 아버지를 구출하지 않음으로써 얻게 되는 죄책감과 같은 제재의 비용이 과학자를 구출함으로써 얻게 되는 이익을 능가할 수 있기 때문이다. 따라서 갈등 상황에서 어느 행위를 하는 것이 옳은가의 문제는 공리주의적 근거에서 결정될 수 있다. 그렇다 할지라도 이것이 권리와 그것의 상관적인 의무 자체의 근거는 공리주의적 고려에 의존하지 않는다는 기본적인 생각에는 변화를 주지 않는다.

많은 법적인 규칙은 공리주의적 근거에서 정당화된다고 말할 수 있다. 왜냐하면 법적인 규칙은 대부분의 경우에 다수결에 의해 확립되고, 이러한 절차는 "공리주의를 가장 실질적으로 표현한 정치적 절차"이기 때문이다.[54] Dworkin이 지적한 바와 같이, "나의 자유를 축소시키는 많은 법들은 일반적인 이익을 위해서 혹은 일반 복지를 위해서라는 공리주의적 근거에

---

53) 이 사례는 J. Hospers가 제시한 사례를 약간 변형한 것이다. *Human Conduct: Problems of Ethics* (New York: Harcourt Brace Jovanovich, 1982), p. 205 참조.

54) H. L. A. Hart, "Between Utility and Rights", *Columbia Law Review*, Vol. 79, 1979, pp. 837-838.

의해 정당화된다."[55])라는 것은 사실이다. 만약 입법부가 외국으로부터의 특정 수입품에 대해 관세를 부과하기 위해 법을 만들기로 한다면, 이것이 사회 전체적으로 이익이 된다는 것을 충분히 정당화해줄 수 있다. 법은 수입품에 세금을 납부해야 할 의무를 부과함으로써 자유를 제약한다. 교통법규는 보행자에게 보행 신호에서 길을 건널 수 있는 권리를 부여한다. 교차로가 무척 번잡하여 대부분의 보행자가 길을 건널 때 어려움을 겪으면 법은 그들에게 보행 신호에서 보행할 수 있는 권리를 부여할 수 있다. 이러한 종류의 권리는 공리주의적 근거에서 정당화될 수 있다. 그것이 전체의 이익에 도움이 될 때에는 확립되고, 사회적 효용성에 도움이 되지 않을 때에는 폐지될 수 있을 것이다.

그러나 권리 장전(Bill of Rights)이나 대부분 나라의 헌법에 규정된 것과 같은 기본적인 권리나 자유는 다수결에 의해 영향을 받지 않는다. 다수집단의 통제하에 있는 입법부가 참정권과 같은 소수집단의 기본권을 박탈하기 위해 법을 만들려고 한다고 가정해보자. 다수집단은 그러한 권리를 소수집단에 부여하지 않으려 할 수도 있기 때문에 그들에게 그러한 권리를 부여하지 않을 때 발생하는 효용성은, 다수결의 형태로 드러나는 것처럼, 부여할 때보다 더 클 수 있다. 소수집단으로부터 그러한 권리를 박탈하는 입법이 다수 득표를 받았다 할지라도 그러한 권리의 박탈은 정당화될 수 없다. Dworkin이 지적한 바와

---

55) Dworkin, 상게서, p. 269.

같이, "만약 어떤 사람이 어떤 것에 대한 권리를 갖는다면 정부가 그에게 권리를 거부하는 것이 전체의 이익에 도움이 된다 할지라도 옳지 않다."[56] 그리고 권리의 그러한 의미는 '반공리주의적 권리 개념'(anti-utilitarian concept of a right)이라고 말할 수 있다.[57]

자유를 제한하는(의무를 부과하거나 권리를 부여하는) 법이 다수결에 의해 확립되고 그리하여 공리주의에 근거해서 정당화된다 할지라도 여전히 그러한 법의 구속력과 관련하여 의문이 제기될 수 있다. 법적인 규칙을 따르는 이유는 단지 그것이 다수 득표를 받았기 때문이 아니라 내가 그것에 동의했기 때문이다. 내가 의사결정의 원리로서 다수결의 원리에 동의하지 않는다면 다수결의 결과 그 자체는 나에게 결코 구속력이 없다. 그러나 내가 다수결의 원리에 동의한 이상 – 문제가 그러한 절차에 의해 결정 가능할 경우 그리고 그러한 경우에만 – 나는 내가 법을 지지했느냐 와는 상관없이 그것에 동의한 것이 된다. 이러한 이유로 민주사회에서 내가 법을 지지하지 않았을지라도 "나는 그 법에 찬성하지 않았다. 그러니까 나는 그것을 준수해야 할 의무가 없다."라고 말하는 것은 터무니없는 것이다. 따라서 공리주의적 근거에서 나의 자유를 제약하는 법이 나에게 구속력을 행사하기 위해서는 필연적으로 나의 동의가 포함되어야 한다.

---

56) 상게서, 같은 곳.
57) 상게서, 같은 곳

만약 어떤 규칙이 구속력이 결여되면 그로부터 나오는 의무나 권리도 마찬가지로 구속력이 없다. 공리주의적 근거에서 확립된 규칙에 내가 동의하지 않는다면 그것이 나에게 어떻게 구속력을 행사할 수 있을까? 내가 규칙을 준수하는 것이 나에게 부담이 될지라도 내가 그것을 존중하는 이유는 내가 그것을 준수하기로 어떤 형태의 약속을 한 것이기 때문이다. 나는 처벌의 위협으로부터 그 규칙을 준수하도록 강요받을지 모른다. 그러나 규칙을 준수하기로 한 나의 약속이 없다면 그것은 나에게 구속력이 없다. 공리주의적 행위자는 "그가 규칙을 준수하기로 공동체 구성원들에게 한 약속에 도덕적으로 자신을 구속하는 것으로 생각할 수" 있지만, "만약 그러한 요소가 작용한다면 우리는 실제로 비공리주의적 논증의 영향을 전제하고 있는 것이다."58)

　　다음에 특히 호펠드의 권리 구별을 활용하여 권리의 근거 확립을 위한 계약론적 모델을 제시하고 그러한 체계 안에 함축되어 있는 구속력을 분석해보려고 한다.

---

58) D. Lyons, "Utility as a Ground of Rights", *Nous*, Nov. 14. pp. 27-28.

**3**

# 사회계약론적 정당화

인간 본성으로부터의 논증은 인권이 인간의 본성에 기초하고 있다고 주장하는데, 이는 올바른 주장인 것처럼 보인다. 그러나 앞에서 본 것처럼, 인권에 관한 진술은 인간의 본성에 관한 진술로부터 연역적으로 직접 이끌려 나올 수는 없다. 인간의 본성은 그 자체 인권의 범위가 무엇인가를 확인하는 기준이 될 수 있을지라도, 사람에게 인권을 귀속시키는 근거나 혹은 이유가 될 수는 없다. 인간 본성으로부터의 논증은 어떠한 종류의 권리이건 사람이 그것을 소유하려면 규칙 체계에 의해 규제되는 사회에 속한다는 것을 전제한다는 사실을 간과한 점에서 잘못을 범하고 있다. 권리나 의무는 규칙 체계에 의해 규제되는 관행이다. 이것은 규칙 공리주의에 의해 충분히 인정되고 있다. 그러나 규칙 공리주의의 난점은 공리주의적 근거에서 확립된 규칙이 내가 스스로 그것을 지킨다는 약속이 없다면 나에게 구속력을 행사할 수 없다는 점이다. 기본권으로서 보호되어야 할 권리들을 나에게서 박탈하는 전체주의 사회에서처럼 어떤 권력자가 명령한 법률을 상상할 수 있기 때문에 구속력은 규칙의 본질적인 요소가 아닐 수 있다. 그러나 규칙은 사회 구성원들을 구속력을 가지고 규제하는 것이라고 본다면 공리주의적 규칙은 그러한 기준을 충족하지 못한다. 왜냐하면 내가 규칙을 따르기로 약속하는 경우에만 그것은 나에게 구속력을 가질 수 있는데, 공리주의적 규칙은 그 자체로서는 그러한 약속의 요소가 없기 때문이다. 다음에 권리는 사회 구성원들이 합의하는 규칙으로부터 나온다는 것을 설명할 것이다.

여기서 의미하는 규칙은 단순히 입법 절차와 같은 실제적이거나 공식적인 합의를 통해 확립된 법적인 규칙만을 지칭하는 것은 아니다. 판사는 이미 제정되어 있는 법률을 적용하기 어려운 새로운 사례에 직면할 수 있다. 그처럼 판결이 어려운 경우(hard cases)에 적용할 수 있는 법적인 규칙이 없을 수도 있다. 지식의 부족과 인간의 삶의 복잡성 때문에 인간사의 모든 경우에 적용할 수 있는 법을 제정하는 것은 쉽지 않다. 판결하기 어려운 경우가 있더라도 판사는 적용할 규칙이 없다고 해서 결정을 내리는 역할을 포기할 수 없을 것이다. 판결이 어려운 경우를 결정하기 위해 판사는 그의 분별력(discretion)을 행사해야 한다고 주장한 법학자가 있는가 하면, "어떤 원리들이 법으로 구속력이 있기 때문에 그것이 고려되어야 한다."라고 주장하는 법학자도 있다.[59] 권리와 의무를 생성하기 위해 규칙들을

---

59) R. Dworkin, *Taking Rights Seriously*, 1982, p. 29.

꼭 제도화할 필요는 없다. 규칙들 중에는 매우 추상적인 규칙이나 원리들이 있는데, 예를 들면 "모든 인간은 동등한 상황에서 똑같이 대우받아야 한다."와 같은 원리이다.

권리의 정초(foundation)는 우리가 어떤 사회에 들어가건 간에 따라야 할 기본적 규칙들의 확립부터 시작된다. 그러한 규칙들은 어떠한 사회이건 그것의 작동을 위해 충족해야 할 기본적 조건을 형성하고 있다. 그러한 규칙들로부터 나오는 권리들은 그것을 위반하는 경우에 발생하는 규범적 관계를 무효화시킬 수도 있다는 의미에서 기본적이다.[60] 따라서 기본권은 다른 권리들을 그 안에 포섭시킬 수 있도록 그 외연을 넓힐 필요는 없다. 예컨대 "사람이 범죄를 저질렀다는 신중한 판결이 없는 한, 평화 시에 죽임을 당하지 않을 권리"는, 그 적용 범위가 좁기는 하지만 기본적일 수 있다.[61] 히틀러 통치하에서의 유대인 학살은 분명히 그러한 종류의 기본권에 대한 침해이다. 기본적인 권리들은 또한 그것이 인간 삶에 필수적인 최소한의 조건인 인간의 기본적인 필요 욕구(needs)나 이익(interests)의 안전과 관련된다는 점에서 인권 혹은 자연권이라고 한다.

---

60) 이러한 주장이 기본적인 권리가 제한될 수 없다는 것을 암시하는 것은 아니다. 기본권은 다른 기본권이나 기본적인 가치와 충돌할 경우 그 '제한이 정당화'되거나 '우선순위가 밀려날' 수 있다. 권리의 '정당화되는 제한'과 '정당화될 수 없는 제한'(unjustifiable infringement) 혹은 권리의 '침해'(violation)는 서로 구별되어야 한다. 이들 개념의 구별에 대해서는 Alan Gewirth, "Absolute Rights", *The Philosophical Quarterly*, Vol. 31, 1981, p. 2.

61) Richard W. Miller는 그것이 적용 범위가 너무 좁기 때문에 기본적인 권리가 될 수 없다고 주장한다("Rights and Reality", *Philosophical Review*, 90, 1981, p. 384).

이 절은 두 부분으로 나누어진다. 첫 번째 부분에서는 기본적인 권리가 확립되는 사회계약을 기술한 다음, 기본적인 자유가 사회계약의 단계에서 권리(요구권)로서 인식된다는 것을 설명할 것이다. 그리고 기본적인 권리와 자유는 정부의 권력에 의해 영향을 받지 않는(immune) 권리라는 것을 주장할 것이다. 두 번째 부분에서는 현대 이론가들이 제기한 자유와 권리에 관한 가장 논쟁적인 이슈를 다루고, 앞에서 설명한 체계 안에서 그러한 문제들을 해결하고자 한다. 이 논증의 과정에서 다른 사회계약론자들의 사회계약에 관한 입장과 필자의 입장이 어떻게 다른지 설명할 것이다.

## 1) 사회계약의 성격: 기본적 권리의 정초(근거 확립)

권리나 의무의 존재는 사회 또는 결사체가 있다는 것을 의미한다. 왜냐하면 그러한 용어는 사람들 간에 어떤 규범적 관계가 있다는 것을 암시하기 때문이다. 거꾸로 말하면 사회가 없으면 권리나 의무도 없다고 말할 수 있다. 사회가 없는 상황을 '자연의 상태'라고 하자. 그렇다면 자연의 상태에서는 어떠한 권리나 의무도 없다고 말할 수 있다. 이 단원의 목적은 주로 자연의 상태에서 사회로 이동하는 과정에서 어떻게 권리가 생성되는가를 탐구하는 데 있다.

자연의 상태는 인류 역사에서 존재할 수도 존재하지 않을 수도 있다. 그러나 그것이 존재했느냐 존재하지 않았느냐는 중요하지 않다. 자연의 상태라는 것은 단지 설명적 목적을 위해 가정하는 장치이다. 우리의 목표는 권리가 어떻게 생성되는가를 검토하는 것이기 때문에 권리나 의무가 없는 자연의 상태를 가정하는 것은 자연스러운 것이다. 따라서 "왜 자연의 상태인가?"라는 물음에, 단지 "권리가 어떻게 생성될 수 있는가를 알고자 하기 때문"이라고 답할 수밖에 없다. 이러한 주제에 대한 탐구가 바로 우리가 수행하고자 하는 것이다. 따라서 우리가 해야 할 첫 번째 과제는 자연의 상태가 어떤 모습인가를 설명하는 것이다.

자연의 상태에서는 어떠한 사람도 권리나 의무를 갖지 않는다. 어떤 사람이 내가 지니고 있는 것을 나에게서 탈취했다 할지라도 그가 그것을 탈취해서는 안 될 의무를 어겼다거나 내가 탈취당하지 않을 권리가 침해되었다고 말할 수 없다. 왜냐하면 자연의 상태에서는 호소할 수 있는 상응하는 규칙이 없기 때문이다. 이러한 주장에 대해 Locke의 경우 자연의 상태는 모든 인간에게 "어떠한 사람도 다른 사람의 생명, 건강, 자유, 혹은 소유에 해를 끼쳐서는 안 된다"[62]라는 자연법이 있다고 반론을 제기할 수 있다. 이러한 자연법으로부터 Locke는 자연권과 그에 상응하는 의무를 끌어낸다. Locke에 의하면 자연의 상태는 "지상에서 사람들을 판결할 수 있는 공동의 최고 권력자(superior)가 없이 그들이 이성에 따라 함께 살아가는 것"으로

---

[62] John Locke, *Second Treatise of Government* (New York: The Liberal Arts Press, 1954), Chap. II, Sec. 6.

정의된다.63) 이처럼 이해되는 자연의 상태는 판결을 내릴 수 있는 공동의 최고 권력자가 없기 때문에 정치 이전의(prepolitical) 상태이다. 그러나 그 안에서 사는 사람들은 그들의 권리와 의무가 결정되는 자연법의 안내에 따라 함께 살기 때문에 사회 이전의(presocial) 상태라고 말할 수 없다. Locke에게 있어 자연의 상태는 사람들 간에 거래와 계약이 시민사회 혹은 정치적 사회에서와 마찬가지로 이루어질 수 있지만 단지 정치적인 최고 권력자가 결여된 사회이다.64) 따라서 Locke의 자연의 상태는 우리가 염두에 두고 있는 자연의 상태 즉 정의(definition)에 의해 어떠한 권리나 의무도 없는 자연의 상태가 아니다. Locke의 자연의 상태에서는 어떤 사람이 자연에 나의 노동을 첨가해 획득한 것을 나의 허락 없이 탈취해갈 때 나의 재산권이 침해되었다고 말할 수 있다. 그러나 우리가 가정하고 있는 자연의 상태에서는 "내게서 그것을 가져가지 마라. 그것은 나의 재산(property)이다."라고 말할 수 없을 것이다. 왜냐하면 어떤 것이 나의 재산이라고 말한다는 것은 그것을 나에게 탈취해서는 안 될 의무가 있는 것인데, 자연의 상태에서는 그러한 의무가 없기 때문이다.65)

---

63) 상게서, Chap. III, Sec. 19.

64) 예를 들면 부부로 이루어진 사회(conjugal society) 즉 가정은 남자와 여자 사이의 자발적인 계약에 의해 이루어진다. 이 계약은 그들 자녀들을 상호 부양하고 양육하는 것과 같이 권리나 의무를 생성한다(상게서, Chap. VII, Sec. 78).

65) '재산'(property)의 개념은 '소유'(possession)의 개념과 구별될 필요가 있다. '재산'의 개념은 본질적으로 도덕적, 법적, 혹은 규범적 개념인데 반해, '소유'의 개념은 본질적으로 사실적, 기술적, 혹은 자연주의적 개념이다(R. M.

우리가 가정하는 자연의 상태는 각자가 자신의 보존을 위해 필요하다고 생각하는 것이라면 무엇이든지 할 수 있는 자유의 상태, 즉 Hobbes의 자연의 상태와 약간 유사하다. Hobbes도 Locke처럼 자연권과 자연적 의무에 관해 말한다. 그러나 Hobbes가 그러한 용어들로 의미하는 것은 Locke가 의미하는 것과는 근본적으로 다르다. Hobbes에 의하면 자연권(right of nature)은,

자신의 본성 즉 자신의 생명을 보존하기 위해 자기가 원하는 대로 자신의 힘(power)을 사용할 수 있는 자유(liberty), 즉 자신의 판단과 이성에 입각해 그것을 위한 가장 적합한 수단이라고 생각하는 것을 할 수 있는 자유이다.[66]

이처럼 Hobbes에게 있어 자연권은 자신의 생명을 보존하기 위해 자신이 원하는 대로 "하거나 하지 않을 자유"(liberty to do, or to forbear)에 있다.[67] Locke의 자연권은 호펠드적 권리 체계에서의 요구권이지만, Hobbes의 자연권은 자유권이다.[68]

---

Lemos, *Hobbes and Locke*, 1978, p. 140). 따라서 "그것은 내가 소유하고 있다."라는 사실로부터 다른 사람이 그것을 나에게서 탈취해서는 안 될 의무가 있다는 것이 귀결되지는 않지만, "그것은 나의 재산이다."라는 사실로부터는 그러한 의무가 귀결된다.

66) Thomas Hobbes, *Leviathan*(New York: Meridian Books, 1966), Chap. XiV, pp. 145-146.

67) 상게서, p. 146.

68) 호펠드적 체계에서의 자유는 엄밀히 말하면 일면적(unilateral) 자유이지만, 이후부터 자유권을 '양면적'(bilateral) 자유의 의미로 사용할 것이다. 양면적 자유의 논리적 구조는 앞장에서 호펠드적 체계에 기초하여 이미 설명하였다.

Hobbes의 자연의 상태에서 "모든 사람은 모든 것에 대한 권리가 있다."[69]라고 말하는 것은 그가 어떤 다른 사람에게도 의무가 없다는 것을 말하는 것과 같다. 이 진술의 후반부는 어떠한 사람도 다른 사람에 대해 요구할 권리가 없다는 것을 함축한다. 이것은 겉보기에는 모든 사람은 모든 것에 대해 권리가 있다는 Hobbes의 주장과 모순되는 것처럼 보이지만 그렇지 않다. 왜냐하면 Hobbes의 자연권은 요구권이 아니고 자유권, 즉 호펠드적 체계에서의 '무권리'(no-right)를 그 상응 개념으로 지니고 있는 자유권이기 때문이다. 따라서 홉스적 자연의 상태에서는 권리(요구권)도 그 상응 개념인 의무도 없다. 비록 Hobbes는 자연적 의무를 말하고 있지만 그것은 위에서처럼 다른 사람에 대한 의무가 아니라 자신을 보존하기 위해 필요한 것을 해야 할 의무이다.[70]

앞에서 언급한 것처럼, Hobbes의 자연의 상태에서는 모든 사람이 자신의 본성이나 생명을 보존하기 위해 그가 원하는 대로 어떤 것이건 하거나 하지 않을 자유를 지니고 있다. 그리고 이것은 어떠한 사람도 다른 사람에 대한 권리나 의무를 갖지 않는다는 것을 의미한다. 그렇다면 자기보존의 욕구에 의해 지배되는 자연의 상태는, 모든 사람이 자신의 생명을 보존하기 위해 필요하다고 느낄 때마다 다른 사람을 자유롭게 죽일 수 있기 때문에, 살인, 폭력 등 끊임없는 위험의 상태에 빠지게 될

---

69) Hobbes, *Leviathan*, p. 146.
70) R. M. Lemos, *Hobbes and Locke: Power and Consent* (Athens: The University of Georgia Press, 1978), p. 22.

것이다. 물론 자연의 상태에 있는 모든 사람이 자유롭게 그렇게 할 수 있을지라도 자기가 원하는 대로 다른 사람을 죽이지는 않을 것이다. 그러나 어떤 사람이 자기가 원하는 대로 다른 사람을 죽일 수 있다는 사실은 그리고 그 사실만으로도 자연의 상태를 끊임없는 공포와 위험과 폭력의 상태로 빠뜨리기에 충분하다. Hobbes가 말한 것처럼, 인간은 본성상 이기적이라는 것을 가정할 필요는 없다. 인간이 본성상 이기적인가 혹은 이타적인가의 문제는 자연의 상태에서 사람들이 어떻게 살아가게 될 것인가를 결정하는 데 그렇게 중요하지 않다. 그러나 만약 규제되지 않으면 해를 끼칠 수 있는 이기적인 사람들이나 혹은 적어도 이기적인 행동이 있는 것은 사실이다. 이기적이건 이타적이건 인간은 통제되지 않은 이기적인 행동에 의해 모든 사람들이 똑같이 해를 입게 될 것이다. 가장 강력한 힘을 가진 사람도 항상 깨어 있는 것은 아니기 때문에 마찬가지로 폭력적인 죽음을 맞이할 수 있다. 모든 사람은 자신의 보존을 위해 자신에게만 의존해야 한다면 적어도 잠을 자는 동안에는 누구나 마찬가지로 보호받지 못할 것이다. 인간은 합리적인 존재이기 때문에 자연의 상태에서의 삶이 결국 자신의 이익, 특히 자기보존에 대한 절대적인 관심에 반한다는 것을 깨달을 것이다. 따라서 자연의 상태를 떠나 사회에 들어감으로써만 그들은 자신을 보존할 수 있다.

단지 자신의 생명을 보존하기 위해서뿐만 아니라 자신이 지닐 수 있는 이익이나 필요 욕구를 충족하기 위해 자연의 상태에 있는 사람들은 자유롭고 합리적이기 때문에 자연의 상태를 버리고 사회에 들어가기로 합의할 것이다. 사회가 실제로 합의에 의해 발생하게 되었는가의 문제는 기본적 권리 확립의 문제와는 관련성이 없으므로 여기서 논의할 사항이 아니다. 사회가 어떻게 발생하게 되었는가에 관한 설명은 철학적인 관심사가 아니라 "과학 이론에서 추구하는 인과적 설명"이다.[71] 역사적으로 볼 때 정치적 사회나 국가는 아메리카 식민지에서처럼 계약에 의해 확립되었을지도 모른다. 국가가 최초 구성원들이나 그 대표자들에 의해 확립되었을지라도 후손들은 원래 계약 당사자가 아니기 때문에 그러한 계약은 이들에게 구속력이 없을 것이다. 이것은 사회계약 이론에 대한 가능한 반론 중의 하나이다.[72] 그러나 이러한 반론은 정당한 것이 아니다. 왜냐하면 우리의 관심은 사회가 어떻게 발생했느냐에 있는 것이 아니라, 사람이 자연의 상태에 있다면 그것을 벗어나 사회에 들어가기로 합의할 것인가를 보는 데 있기 때문이다. 그것은 일종의 가상적인 계약이론이다. 우리가 이것을 가상적인 계약이론이라고 부르는 이유는 그 계약이 실제로 사람들이 맺는 계약이 아니라

---

71) D. D. Raphael, *Problems of Political Philosophy* (New York: Praeger Publishers, 1970), pp. 89-90.

72) 이러한 반론은 실제로 Raphael에 의해 제시되었다(상게서, p. 93). 그러나 그의 주장은 앞에서 다음과 같이 주장한 것과는 일관성이 없는 것처럼 보인다. 그는 다음과 같이 말한다. "현재의 사물이 어떻게 발생하게 되었는가에 관한 설명은 과학 이론에서 추구하는 인과적 설명이다. 철학 이론은 신념(belief)을 수용하는 것에 대한 정당화 이유를 제공하는 것이며, …신념이나 그 대상에 대한 설명적인 해명을 제공하려고 하지 않는다. 철학적인 문제에 대한 제안적인 답변으로서 사회계약 이론은 역사적 생성 이론으로서 간주되어서는 안 된다."(상게서, pp. 89-90)

어떤 조건에서 맺게 될 계약이기 때문이다. Hobbes는 이 점에 관해서는 분명한 생각을 하고 있다. 그는 대부분의 국가들이 사회계약의 결과가 아니라 정복의 결과로서 생성되었다는 것을 잘 인식하고 있다.[73] 전통적인 계약이론들의 주요 관심사는 정치적인 권력(political authority)을 어떻게 정당화하는가와 그것이 어떤 형태를 띠어야 하는가를 보여주는 것이었다. 사람들은 정치적인 권력 하에서 사는 것이 자연의 상태에서 사는 것보다 더 낫다는 것을 알고 정치적인 권력이 있는 사회에 들어가기로 자발적인 합의를 맺는다.

Rawls는 그러한 사회계약에 관한 다른 관념을 가졌다. 그는 사회에 들어가기 위한 합의는 필요 없다고 주장하였다. "우리가 [우리 사회]에 속하지 않을 경우 어떻게 될 것인가를 우리는 알 수 없다(아마도 그러한 생각 자체가 이해되지 않는다.)." 라고 그는 말한다.[74] 사람이 사회에 들어가기로 합의한다고 말하는 것은 거기에 들어가느냐 마느냐를 선택한다는 것을 가정한다. 그러나 인간은 본성상 사회적 존재이기 때문에 그러한 합의를 할 필요가 없다. "우리가 사회에 속하느냐 마느냐는 우리에게 선택의 여지가 있는 것이 아니다."[75] 롤스에 의하면 우리가 사회에 들어가느냐 마느냐보다는, 오직 사회가 어떻게 규제되느냐 또는 어떤 배경적 제도를 갖느냐가 의미 있는 물음이

---

73) 상게서, p. 90.

74) John. Rawls, "The Basic Structure as Subject", APQ, Vol. 12, 1977, p. 162.

75) 상게서, p. 165.

다. 따라서 롤스의 사회계약은 사회의 기본 구조를 규제하는 원리들에 대한 합의를 의미한다.

우리는 사회적 존재이기 때문에 우리가 사회 밖에 존재하는 것을 생각하는 것은 이해되지 않는다는 롤스의 주장은, Benditt 이 지적한 것처럼, 사회적 존재라는 것과 사회 속에 있다는 것이 같은 것이라는 잘못된 생각에서 비롯된 것이다.[76] 우리가 사회적 존재라는 것을 인정한다 할지라도 이것이 우리가 사회에 존재한다는 것을 의미하지 않는 것은, 마치 사람이 친근하다는 사실이 그가 친구가 있다는 것을 의미하지 않는 것과 같다. 친근한 것은 친구를 갖기 위한 필요조건이긴 하지만 충분조건은 아니다. 마찬가지로 사회적 존재라거나 또는 사회성이 있다는 것은 사회의 구성원이 되기 위한 필요조건이지만 충분조건은 아니다. 물론 우리가 사회적 본성을 지니지 않는다면 우리가 사회에 들어가기로 한다는 의미의 사회계약에 대해 말하는 것조차 힘들 것이다. 그러나 사람들이 사회적 본성을 갖는다는 것은 그들이 사회에 있다는 것을 의미하지는 않는다. 이러한 주장에 대해 우리는 이미 사회 속에서 태어났기 때문에 자연의 상태를 벗어나 사회에 들어간다고 말하는 것은 이해되지 않는다고 반론을 제기할 수도 있을 것이다. 그러나 앞에서 논의한 것처럼, 자연의 상태는 단지 설명을 하기 위한 장치일 뿐이며, 자연의 상태가 실제로 존재했는가는 사회계약론과는 관련성이 없다. 자연의 상태라는 개념이 요구하는 것은 단지

---

76) T. M. Benditt, *Rights* (New Jersey: Rowman and Littlefield, 1982), p. 110.

우리가 사회적 존재로서 본질적으로 서로 분리되어 있는 상황을 상정해보는 것이다.[77]

사회적 본성을 갖는 것은 사람이 사회에 자발적으로 들어가기 위한 필요조건 가운데 하나이다. 그것 외에도 충족해야 할 또 다른 조건들이 있다. 그것들은 자연의 상태에 있는 사람들이 사회에 들어가면서 합의하는 계약조건들, 즉 생명, 신체, 재산 등등의 안전에 대한 각 개인의 관심에 대한 상호 존중이다. 따라서 사회에 들어가기로 합의한다는 것은 그러한 조건들에 대한 합의를 의미한다. 이와 같은 방식으로 바라보는 사회계약은 전통적인 계약이론들이 제안한 사회계약과 약간 다르다. 우리의 관심은 정치적인 권력이 어떻게 정당화될 수 있는가를 단지 보여주는 것이라기보다는 주로 권리나 의무가 어떻게 생성되는가를 보여주는 것이다. 물론 왜 우리가 정치적 권력에 복종해야 하는가의 문제는 정치적 의무를 정당화하는 문제이다. 정치적 의무는 다음에 설명하려고 하는 사회계약의 구조 속에서 설명될 것이다.

자연의 상태에 있는 사람들은 자유롭고 합리적이기 때문에, Hobbes의 주장처럼 그들 자신의 생명을 단지 보존하기 위해서뿐만 아니라, 그들이 지닐 수 있는 이익이나 필요 욕구를 충족하기 위해 사회에 들어가기로 합의한다. 각 개인이 지닐 수 있는 특정 이익이나 필요 욕구가 무엇이든 상관없이 모든 인간이 공통으로 갖는 어떤 기본적인 이익이나 필요 욕구가 있는데,

---

77) 상게서, p. 110.

그것들은 사회 속에서 인간이 삶을 영위하기 위한 기본적인 최소한의 조건들, 즉 생명, 신체, 재산 등등의 안전과 같은 조건들이다. 따라서 사람들이 사회에 들어가기로 합의한다는 것은 그들이 각자의 기본적인 이익이나 필요 욕구를 존중하기로 합의한다는 것을 의미한다. 이러한 합의에 의해 그들은 살인, 폭행, 도둑질 등등을 금하기로 약속하는 것이다. 그들은 인간의 기본적인 이익이나 필요 욕구에 대한 상호 존중과 관련된 어떤 기본적인 규칙들에 대해 합의하는 것이나 마찬가지이다. 왜냐하면 합의 내용은 그들이 사회에 머물러 사는 동안에 어떤 종류의 행위를 규제하는 것이기 때문이다. 합의를 통해 그러한 규칙들을 정할 때 그들은 동시에 자연의 상태에서 갖는 자유, 즉 살인, 폭행, 절도 등등의 자유를 제한한다. 그들은 자발적으로 그러한 행위를 하는 자유를 포기하는데, 그렇게 함으로써 권리와 의무가 생성된다. 그들이 합의하는 그러한 기본적인 규칙들로부터 기본적인 권리와 의무가 발생하게 되는 것이다. 이처럼 규칙들에 의해 규제되는 사회의 출현과 함께 사회의 구성원으로서 모든 사람들은 생명권, 신체안전권, 재산권 등과 함께 상응하는 의무로 살인, 폭행, 절도 등을 금해야 할 의무를 갖게 된다. 그러한 권리나 의무는 사회계약 당사자들의 합의를 통해 발생하게 되는 것이다.

Locke가 생명권, 재산권과 함께 자연권의 하나로 간주한 자유권에 대해 알아보자. Dworkin이 지적한 것처럼, 사람이 **일반적인** 자유권을 갖는다고 가정하는 것은 우스운 일이다.[78) 만약

'방해받지 않을 권리'로서 해석되는 자유권을 갖는다면 다른 사람이 나를 죽이려고 하는 그의 시도를 방해해서는 안 되는 의무를 져야 할 것이다. 죽이는 자유를 내가 방해하는 것은 그의 자유권을 침해하는 것이 될 것이다. 위와 같이 형식화되는 자유권은, '다른 사람의 권리를 침해하지 않는 한 방해받지 않을 권리'로 제한할 필요가 있다고 생각할 수도 있다. 사실 Locke는 그러한 취지의 주장을 펼치기도 한다. 사람은 자연법의 테두리 안에서 어떤 것을 할 수 있는 자유가 있는데, 그 자연법은 "어떠한 사람도 다른 사람의 생명, 건강, 자유, 소유를 해쳐서는 안 된다."라고 Locke는 주장한다.[79] 이로부터 사람은 다른 사람을 죽일 자유는 없다는 것이 귀결된다. 따라서 다른 사람을 죽이는 것을 방해받을 때 자유권이 침해되는 것이 아니다.

그러나 자유권이 다른 사람의 권리를 침해하지 않는 한 방해받지 않을 권리로 제한된다 할지라도 문제는 여전히 남는다. 그러한 권리의 존재는 예를 들면 자유로운 경쟁을 불가능하게 할 것이다. 갑이 다른 사람의 권리를 침해하지 않고 자신의 사업을 성공적으로 경영해 왔다고 가정해보자. 만약 어떤 다른 사람 을이 같은 종류의 사업을 함으로써 결국 갑의 사업이 망했다면, 이 경우는 을이 갑의 권리를 침해하지 않고 그의 사업 경영을 방해한 경우가 될 것이다.[80] 만약 갑이 자유권을 갖는

---

78) R. Dworkin, *Taking Rights Seriously*, 1987, p. 267.

79) John Locke, *The Seconds Treatise of Government*, Chap. II. Sec. 4와 6.

80) 같은 취지로, H. L. A. Hart, "Bentham on Legal Rights", 전게서, 1979, p. 132 참조.

다면, 을은 같은 종류의 사업을 하는 것만으로도 갑의 사업을 방해해서는 안 되는 상응하는 의무를 갖게 될 것이다. 특히 자유 경쟁을 지지하는 사회에서 그러한 의무는 없다고 주장하고 싶다면, 다른 사람의 권리를 침해하지 않는 한 방해받지 않을 권리로서의 자유권을 우리가 갖는다고 말할 수는 없을 것이다. **일반적인 자유권** 대신에 어떤 것을 할 수 있는 **자유**를 갖는다고 말해야 한다. 어떤 것을 할 수 있는 자유가 있다는 것은 다른 사람이 그것을 하는 것을 방해하지 말아야 할 의무가 있다는 것을 함축하지 않는다. 그것은 단지, 호펠드적 권리 체계가 보여주는 것처럼, 다른 사람이 그것을 하지 말도록 요구할 '권리가 없다'라는 것을 함축한다. 따라서 우리는 일반적인 자유권이 아니라, 어떤 것을 할 수 있는 자유가 있다. 이것은 자연의 상태에서든 또는 사회 속에서든 타당하다.

자연의 상태에서 자유를 갖는 사람들은 사회에 들어갈 때 그중의 일부를 제한하기로 합의를 한다. 즉 살인, 폭행, 절도 등 다른 사람의 기본적 이익을 해치는 것을 삼가기로 합의를 한다. 그러나 언론의 자유, 결사의 자유, 지식 추구의 자유, 표현의 자유, 종교의 자유 등등과 같이, 그러한 자유의 행사가 다른 사람의 권리를 침해하지 않는 한, 사람들이 제한하지 않기로 합의하는 자유들이 있다.[81] 이러한 자유들은 기본적인 자유로,

---

81) 자연의 상태에서 결사의 자유를 갖는 것이 불가능하다고 말할지 모른다. 왜냐하면 '자연의 상태'라는 개념은 정의에 의해 비사회적인 상태이기 때문이다. 그러한 결사의 자유는 그것이 단지 **다른 사람과 사회적 집단을 만들거나 만들지 않을** 자유를 의미하기 때문에, 사회가 있다는 것을 함축하지는 않는다.

인간의 기본적인 이익이나 필요 욕구와 관련되어 있다. 그것들은 근본적으로 호펠드적 자유권이며, 요구권이 정당화되는 방식으로 정당화되는 것이 아니다. 요구권은 사람들이 살인, 폭행, 절도 등과 같은 행위를 금하기로 **합의하는 경우에만 존재**하지만, 자유는 **그 자체가 존재하기** 위해 그러한 합의를 필요로 하는 것은 아니다.

자유는 단순히 우리의 신체 일부가 존재하듯이 존재한다. 왜 나는 내가 원하는 대로 행동할 자유를 갖느냐고 묻는 것은 왜 나는 내 손을 갖고 있느냐고 묻는 것처럼 이상한 질문이다. 오히려 나는 왜 내가 원하는 대로 행동할 수 있는 자유가 없는가, 즉 왜 나는 내가 원하는 대로 해서는 안 될 의무가 있는가 혹은 왜 내가 원하는 대로 해서는 안 된다고 당신이 요구할 권리가 있는가 하고 물어야 한다. 따라서 우리가 정당화해야 하는 것은 왜 사람이 자유를 갖는가가 아니라, 왜 권리 또는 의무를 갖는가이다. Hart는 자유를 권리로부터 연역하려고 하였다. 그는 "만약 도덕적인 권리가 있다면 적어도 하나의 자연권 즉 모든 사람들이 자유로울 수 있는 동등한 권리가 있다."라는 명제를 제시한다.[82] 여기서 모든 사람이 자유로울 수 있는 동등한 권리(동등한 자유권)는 사람이 하고자 하는 것을 할 수 있는 자유와 관련된다.[83] 그리고 이 맥락에서 도덕적인 권리는 약속과 같은 특정 거래에서 발생하는 특수한 요구권을 지칭한다.

---

82) H. L. A. Hart, "Are There Any Natural Rights?" in D. Lyons(ed.), *Rights*, p. 14.
83) T. D. Perry, "Two Domains of Rights"(미출판) p. 2

Hart에 따르면, 도덕적인 권리를 갖는다는 것은 "다른 사람의 자유를 제한하고 그가 어떻게 행동해야 하느냐를 결정하는 도덕적 정당화 이유가 있다는 것을 함축한다."[84] 예를 들어 당신이 나에게 지불하기로 약속한 돈을 지불 받을 권리를 내가 갖는다는 것은, 돈의 지불과 관련된 당신의 자유를 제한하는 것을 내가 도덕적으로 정당화할 수 있다는 것을 함축한다. Hart의 논증은 특수한 도덕적 권리로부터 모든 사람의 동등한 자유를 끌어낼 수 있다는 식으로 진행되는데, 전자를 가정하는 경우에 그리고 그 경우에만 후자가 이끌려 나온다. 그런데 Hart의 주장은 단지 **만약** 도덕적인 권리가 있다면 자연권이 있어야 한다는 조건적인 주장이다. 그러나 그러한 명제만으로부터 인간이 자연권을 가질 수 있다는 것이 귀결되지는 않는다. 만약 도덕적인 권리와 관련된 관행이 없다면 인간은 자연권을 갖지 않을 수도 있다. 그러나 도덕적인 권리의 개념이 없는 체계에서 인간이 자연권을 갖는 것은 여전히 가능하다. 문제는 우리가 도덕적인 권리를 갖느냐 하는 것이다. 우리는 도덕적인 권리와 관련된 실제적인 관행이 있는가에 관심이 있는 것이 아니라, 인간이 **진실로** 도덕인 권리를 갖는가에 관심이 있다. 그러나 Hart는 도덕적인 규범 체계에 권리 개념이 포함되지 않는 사람들에게는 자연권이 존재하지 않는다고 주장한다.[85] 자연권 즉 동등한 자유의 존재에 대한 Hart의 논증은 오로지 도덕

---

84) H. L. A. Hart, 상게서, p. 19.
85) H. L. A. Hart, 상게서, p. 15.

적인 권리의 존재에 의존하고 있다. Hart가 자유의 존재를 정당화하는 방식은, 설령 그것이 정당화될 수 있을지라도 잘못된 것처럼 보인다. 만약 정당화하는(justifying) 것이 정당화되는(justified) 것보다 덜 의심스러운 것이어야 한다면 정당화를 요구하는 것은 자유보다는 분명히 도덕적인 권리이다. 내가 어떤 것에 대한 도덕적인 권리가 있다는 주장은 내가 원하는 대로 할 수 있는 자유가 있다는 주장보다 정당화에 대한 요구를 더 받을 수 있다. 사람들은 보통 내가 왜 원하는 대로 할 수 있는 자유가 있는지를 묻는 것보다는 자유의 제한과 관련되는 권리를 내가 왜 갖는지를 묻는다. 내가 원하는 대로 할 수 있는 자유가 있다고 내가 주장할 때 나는 그러한 자유가 있다는 것을 정당화하지 않는다. 오히려 나에게 그러한 자유가 없다고 주장하는 사람이 그것을 정당화하는 것이 요구된다.

물론 자유 그 자체는 정당화를 요구하지 않지만, 어떤 특수한 자유 예컨대, 언론, 결사 등의 자유는 또한 요구권으로서 보호되며, 따라서 그 경우 정당화가 가능하다. 사람이 원하는 대로 할 수 있는 자유의 사례로서 우리는 단지 그러한 특수한 자유를 갖지만, 요구권으로서 확립될 때 그러한 자유는 각각 언론의 자유권과 결사의 자유권이 되며, 언론의 자유와 결사의 자유를 방해받지 않을 권리를 사람들은 갖게 되는 것이다. 요구권으로서 그러한 권리들은 다른 요구권처럼 정당화를 요구한다. 사람들은 그러한 자유의 행사가 **다른 사람의 권리를 침해하지 않는 한**, 그러한 기본적 자유를 제한하지 않기로 합의하기 때문에 요구권으로서 그러한 권리들을 갖게 된다. 따라서 기본적 자유들은 자유권으로서 단순히 존재하는 권리이지만 사회계약의 단계에서는 요구권으로서 확립된다.[86] 기본적 자유는 대부분의 경우 정부에 대해 요구할 수 있는 권리이기 때문에 정부는 그러한 자유를 제한하거나 방해하지 말아야 할 상응하는 의무를 갖게 된다.[87] 모든 사람은 언론의 자유나 결사의 자유에 대한 권리를 갖는다는 것이 규칙으로서 선언될 때, 그것은 대부분의 경우 정부가 그러한 자유를 제한하거나 방해해서는 안 된다는 취지로 정부에 대해 요구하게 된다.

사회를 위한 기본 규칙에 대한 합의는 사회계약을 위한 중간 단계에 지나지 않는다. 사회계약은 어떤 유형의 정치적 권력의 확립에 대한 합의가 없이는 불완전하다. 정치적 권력의 합의는 대부분의 전통적 계약이론이 특히 관심을 가졌던 문제이다. 사회계약의 당사자들은 권리가 생성되는 기본적 규칙에 대해 합

---

86) 호펠드적 체계에서 자유권으로서의 자유와 요구권으로서의 자유는 각각 Bentham이 구별한 '있는 그대로의 자연적'(naked) 권리와 '확립된'(established) 권리에 상응할 수 있다. 자연적 권리는 의무에 의해 보호받지 않는 자유이며, 인간이 자연의 상태에서 갖는 권리이다. 그리고 사람이 자기가 갖는 자유를 다른 사람이 방해하지 않도록 요구할 수 있는 권리를 가질 때 확립된 권리를 갖는다(H. L. A. Hart, "Bentham on Legal Rights", in D. Lyons(ed.), *Rights*, p. 133).

87) 언론의 자유에 대한 권리는 사람이 말할 때 그의 말을 들어주기를 다른 사람에게 요구할 수 있는 권리를 그 안에 포함하는 것은 아니다. 따라서 "한 무리의 소풍객의 소음 때문에 공원에 있는 어떤 사람의 말을 들을 수 없다."라고 할지라도, 그리하여 "그의 말이 들리도록 요구할 수 있는 좁은 의미의 권리가 없다."라고 할지라도, 이것이 언론의 자유에 대한 권리가 그에 상응하는 의무를 갖지 않는다는 것을 보여주지 못한다(J. C. Smith, *Legal Obligation*, p. 235).

의를 하게 되는데, 그러한 규칙에 따라 그들은 기본적 이익이
손상당할 가능성이 있을 때 생명권, 재산권 등의 권리를 요구
할 수 있다. 그들은 자연의 상태에서 그러한 권리들을 요구할
수 없지만, 사회계약을 통해 합의가 이루어지면 그것들을 침해
하는 사람들을 비난하거나 질책할 수 있다. 그러나 그들의 권
리는 그것을 집행할 수 있는 어떤 권력이 없이는 효과적으로
보호될 수 없을 것이라는 것을 인식한다. 그리하여 그들은 그
들의 권리를 보호하는 장치로서 정부를 갖기로 하고 그것에 권
리를 집행할 수 있는 권한을 부여하기로 합의한다.

사회계약의 당사자들은 정부에 권한(power)을 부여할 수 있
는 위치에 있기 때문에 그들은 정부가 행사할 수 있는 권한에
어떤 제한을 둘 수 있다. 홉스적 사회계약의 당사자들은 생명
의 보존에 지나친 관심을 두고 있어서 기본적인 자유에 대해서
는 사려 깊은 주의를 기울이지 않는다. 그들은 주권자 즉 군주
(sovereign)에게 자신을 보존하는 권한 이외에 그들이 가진 모
든 권한을 부여한다. Hobbes에 따르면, 언론의 자유와 같은 기
본적인 자유는 군주의 결정에 따라 좌우된다. 따라서 국민
(subjects)이 언론의 자유를 갖는 것은, 군주가 그것을 국민에게
허락하는 한도 내에서 가능하다.[88] 만약 언론의 자유가 군주의
통제 아래에 있다면 군주가 국민으로부터 생명의 보존과 그 수
단을 제외한 인간의 모든 기본적 이익을 박탈하는 경우에, 혹

---

[88] 언론, 종교의 자유 등등은 Hobbes에게 있어서는 자연권이 아니며, 시민권
(civil rights)이다. R. M. Lemos, *Hobbes and Locke*, p. 61.

은 부도덕하거나 사악한 짓에 대해 국민이 비판하는 것을 금하는 경우에 그를 비난조차 할 수 없을 것이다. 인간은 생명의 보존에 대해서뿐만 아니라 다른 가치 예컨대 명예나 존엄성과 같은 가치에 대해서도 기본적인 관심을 두고 있다. 이러한 가치들은 대단히 중요하기 때문에 인간은 선택의 순간에 명예나 존엄성을 지키기 위해 생명을 희생하기까지 한다. 물론 대부분의 사람들에게는 생명의 보존이 다른 이익이나 필요 욕구보다 더 높이 평가되긴 하지만, 그것이 모든 사람에게 절대적인 관심은 아니다. 사실상 언론의 자유와 같은 기본적인 자유는 정부가 그것을 인정하건 안 하건, 생명의 보존을 포함한 인간의 기본적인 이익을 부당하게 침해하는 경우에 그것을 방어하는 보루 역할을 해 왔고 지금도 꾸준히 그런 역할을 하고 있다. 만약 그렇다면 사회계약의 당사자들은 자유롭고 합리적인 존재이기 때문에, 정부에 대한 권리로서 요구할 가능성이 가장 높은 기본적인 자유를 제한하는 권한을 정치적인 권력을 가진 정부에 허용하지 않을 것이다. 따라서 정부는 그러한 자유를 제한하는 권한이 없으며, 따라서 그러한 자유들은 호펠드적 면제권(immunities)이 된다. 이에 따라 시민들에게 어떤 정치체제에 대한 자신의 정치적 의견을 표현할 수 있는 자유를 금지하는 법은, 그렇게 할 수 있는 법적인 권리로서의 자유는 박탈할 수 있어도, 언론의 자유를 소멸시킬 수는 없다.

기본적인 권리에 대해서도 똑같은 말을 적용할 수 있다. 사회계약의 당사자들은 기본적인 권리를 보호하기 위한 장치로서 정부를 유지하기로 합의하기 때문에 그들은 정부에 그러한 권리들을 박탈할 수 있는 권한을 허용할 이유가 없다. 따라서 기본적인 권리들은 그러한 권리들을 소멸시킬 수 있는 법을 만들 수 있는 정부의 입법권에 영향을 받지 않는다. 즉 정부의 입법권에 영향을 받지 않는 면제권(immunity)이 있다. 예컨대 IQ 50 이하의 사람을 제거할 수 있는 법을 만든 경우, 그가 법적인 권리로서의 생명권을 무시당한다 해도, 그의 생명권을 소멸시킬 수는 없다.

이처럼 기본적 자유와 권리는 그것들을 소멸시키거나 제한하는 정부의 입법 권한을 넘어선다는 의미에서 면제권의 지위를 지닌다. 그런데 그러한 주장을 진지하게 내세울 수 없을 것이라고 반론을 제시할 수도 있을 것이다. 왜냐하면 법적인 처벌인 사형이나 구금의 경우에서는 기본적 권리나 자유가 소멸 혹은 제한되기 때문이다. 만약 정부가 기본적 권리나 자유를 소멸시키거나 제한할 수 있는 권한이 없다면 범법자를 처벌할 수 있는 권한이 없게 될 것이다. 그러나 정부에 권리나 의무를 집행할 수 있는 권한을 허용하는 합의는 권리나 의무를 규정하는 법을 준수하지 않은 사람을 처벌할 수 있는 권한을 정부에 부여하기로 합의한 것을 의미한다. 정부가 비록 범법자를 처벌하고 기본적 권리와 자유를 제한할 수 있는 권한을 갖는다 할지라도 죄가 없는 무고한 사람으로부터 그러한 권리와 자유를 박탈할 수 있는 권한은 없다. 그러나 공무를 집행하는 관리가 더 참혹한 결과를 피하려고 무고한 사람의 기본적 이익을 손상할 수밖에 없는 상황을 상상할 수 있지 않을까? 그러한 경우에 그의 기본적 이익을 손상하는 것이 불가피할지라도 그의 기본적 이익에 대한 **권리**는 박탈될 수 없다. 그러한 이유로 정부는 무고한 사람에 대한 권리 손상을 보상해야 하는 것이다. 만약 정부가 무고한 사람의 권리를 박탈할 수 있는 권한이 주어졌다면 그러한 보상을 할 필요가 없을 것이다.

비계약론적 이론은 "기본적 권리나 자유가 정부의 입법적 권한에 의해 영향을 받지 않는 면제권(immunity)"이라는 주장을 수용하기가 쉽지 않을 것이다. 예컨대 Bentham은 호펠드적 '요구권', '자유' 혹은 '특권' 그리고 '권한'에 대체로 상응하는 세 가지 유형의 권리를 구별하였지만, 호펠드적 '면제권'은 인정하지 않았다.[89) Bentham은 권리는 단순히 강제적인 법의 산물이며, 실정법과 그 집행에서 독립된 권리는 없다고 주장하였다.[90) 그러한 관점에서는 정부가 기본적 권리와 자유를 생성하거나 소멸시키는 권한이 없다는 의미에서의 면제권이 될 수 있는 그러한 권리와 자유는 없다. Bentham은 사회적 효용성이 높은 정책을 입법부가 법으로 만들지 못하도록 하는 어떠한 제한도 인정하지 않을 것이다. 공리주의 관점에서 보면 정부는 사회적 효용성이 높다면 권리나 자유도 소멸시키거나 제한할

---

89) H. L. A Hart, "Bentham on Legal Rights", in D. Lyons(ed.), *Rights*, 1979, p. 127. Bentham은 명시적으로 말하지는 않았지만, 공리주의는 면제권이 공리주의 원칙과 갈등할 수 있기 때문에 면제권의 개념을 수용할 수 없을 것이다.

90) D. Lyons, "Introduction", in D. Lyons(ed.), *Rights*, p. 2.

수 있다. 그러나 "언론과 결사의 자유, 임의적 체포로부터의 자
유, 생명과 신체의 안전, 교육, 어떤 측면에서의 동등한 대우
등등과 같이, 정부의 입법적 권한에 의해 영향을 받지 않는"
'헌법적 면제권'(constitutional immunity rights)으로서 보호받
아야 하는 기본적 권리들이 있다는 것이 일반적으로 인식되고
있다.[91] 따라서 우리는 법을 비판할 때 종종 원용되는 면제권
혹은 Hart가 언급하는 '헌법적 면제권'의 개념을 그 안에 포함
하는 비계약론 이론에 주목할 것이다.

비계약론적 이론들은 헌법적 면제권을 그 안에 수용하는 것
이 쉽지 않다. 자신의 행위의 자유가 다른 사람에게 강압을 행
사하거나 해악을 끼치지 않는 한 각 개인은 자유권(right to
freedom)이 있기 때문에, 어떤 행위를 할 수 있는 자유 혹은
'시민적 자유'(civil liberties)는 "정부의 통제로부터 면제되어야
한다."라고 비계약론자인 Gewirth는 주장한다.[92] 그러나 각 개
인이 자유권을 갖는 경우, 국가가 개인의 자유를 제한하거나
방해할 수 있는 권한이 없다는 것을, 즉 상관적으로 개인은 국
가의 입법권에 대해 그의 자유와 관련된 면제권이 있다는 것을
Gewirth는 설명해주지 못한다. 물론 각 개인이 자유권을 갖는
다는 것은, 그것이 요구권으로서 확립되는 경우, 국가가 그의
자유를 제한해서는 안 되는 상응하는 의무를 갖는다는 것을 보

---

91) H. L. A. Hart, "Bentham on Legal Rights", in D. Lyons, *Rights*, pp.
146-147.

92) A. Gewirth, "The Basis and Content of Human Rights", in *Human Rights*,
Nomos XXIII, p. 143.

여줄 수는 있을 것이다. 그러나 "국가가 개인의 자유를 제한해서는 안 되는 의무를 갖는다."라는 진술은, "국가가 그의 자유를 제한할 권한이 없다"라거나, 혹은 상관적으로, "그가 국가의 입법권에 대해 그의 자유와 관련된 면제권이 있다."라는 진술과 같은 것은 아니다.

계약론은 헌법적 면제권을 직접 설명해준다. 사회계약의 당사자들은 기본적 자유와 권리를 보호하거나 실현하기 위한 장치로 국가를 확립하기로 합의한다. 그들은 국가에 기본적 자유와 권리를 – 타인의 기본적 자유와 권리를 침해하지 않는 한 – 제한하는 권한을 허용하지 않을 것이기 때문에 국가는 그러한 권리에 영향을 줄 수 있는 권한이 없다. 따라서 그들은 기본적 자유와 권리의 지위에 변화를 주는 것과 관련하여 국가의 입법권에 대한 면제권을 갖게 된다.

너무나 많은 부담이 기본적 권리와 자유의 개념에 주어진 것처럼 보인다. 기본적 권리와 자유가 정부의 입법적 권한의 밖에 있다는 것을 인정한다 할지라도, 어떤 것이 그러한 권리와 자유를 구성하는지에 대해서는 상이한 생각을 가질 수 있다. 기본적 권리와 자유는 사람들 간의 관계에서 그것들에 대한 존중이 전제되어야 하는 권리와 자유라고 말할 수 있다. 예컨대 협박 속에서 끌어낸 약속은 그것이 생명권, 신체안전권, 재산권 등등과 같은 기본권의 침해를 포함하기 때문에 무효가 될 수 있다. 그러한 형식적인 정의는 정확하긴 하지만, 우리에게 큰 도움이 되지 못한다. 우리에게 실체적인 정의가 필요한데,

그것은 앞에서 인권 혹은 자연권의 개념과 관련하여 제시되었다. 기본적 권리와 자유는 인간의 삶에 필수적이며 모든 인간이 공유하는 기본적 이익이나 필요 욕구의 안전과 관련되는 것들이다. 따라서 기본적 권리와 자유의 내용은 기본적 이익이나 필요 욕구가 무엇이냐에 의해 결정된다. 기본적인 권리와 자유의 목록은 그러한 이익이나 필요 욕구를 무엇으로 보아야 하느냐에 의해 좌우된다. 따라서 그 목록이 사람에 따라 다르다면 그것은 기본적인 이익이나 필요 욕구에 대한 상이한 해석 때문이다. 어떠한 해석이 가능하건 모든 합리적인 인간은 인간의 삶에 필수적인 다음과 같은 기본적인 이익이나 필요 욕구를 가지고 있는 것으로 여겨진다. 즉 생명의 보존, 신체, 재산, 자존감, 사생활의 안전, 품위 있는 최소한의 생활 수준의 확보, 그리고 언론, 사상, 결사, 지식 추구, 직업 선택 등과 같은 자유의 향유가 그러한 기본적 이익이나 필요 욕구에 해당한다. 전자의 이익 혹은 필요 욕구는 기본적인 권리에 관련되고, 후자의 경우는 기본적인 자유와 관련된다.[93] 이 목록은 완전한 것이 아닐지 모르지만, 인간은 기본적인 권리와 자유가 되는 어떤 기

---

[93] 기본적인 권리 중 어떤 것은 자유권이 될 수도 있다. 재산권은 예컨대 자신의 재산을 마음대로 처분하거나 하지 않을 수 있다는 점에서 자유권이 될 수 있다. 그러나 분류를 할 때에는 재산권은 자유권보다는 요구권이라 불린다. 특정 권리의 분류는, 앞에서 언급한 것처럼 그것의 핵심개념(core concept)이 무엇이냐에 기초해서 이루어질 수 있다. 그리고 특정 권리의 핵심개념이 무엇이냐는 그것이 어떻게 정당화되느냐에 의해 결정될 것이다(제2장 3절 참조). 재산권의 핵심개념은 자유권이 아니라 요구권이다. 왜냐하면 재산권은 자유권으로서가 아니라 요구권으로서 정당화되기 때문이다. 재산권이 요구권으로 먼저 확립되지 않으면 우리는 자신의 재산을 처분하거나 처분하지 않을 자유를 누릴 수 있다고 말할 수조차 없다.

본적인 이익이나 필요 욕구를 공유하고 있다는 것을 보여주기에 충분하다.

매일 발생하는 자살은 생명의 보존에 관심이 없는 사람이 있다는 것을 보여준다고 주장할 수도 있다. 그러나 사람들이 자살을 한다는 것은 생명 보존에 관심이 없다는 것을 보여주는 것이 아니라, 심신의 고통으로부터의 해방과 같은 이익이나 가치를 생명 보존에 대한 관심보다 더 중요시한다는 것을 단지 보여주고 있는 것이다. 그들은 생명의 보존 자체에 대해 관심이 있으며, 똑같은 말을 다른 기본적인 이익이나 필요 욕구에 대해서도 말할 수 있다. 두 가지가 갈등하는 상황에서는 어느 하나를 희생시킬 수 있지만, 그것들 각각에 대해서는 기본적으로 관심이 있다. 기본적인 이익이나 필요 욕구의 중요성은 개인에 따라 차이가 있을지라도 모든 인간은 그것들을 공유하고 있다.

그런데 모든 합리적인 사람들이 기본적 이익이나 필요 욕구를 공유할지라도, 그로부터 상응하는 권리나 자유를 반드시 갖는 것은 아니라고 주장할 수도 있다. 예컨대 합리적인 사람은 최소한의 품위 있는 생활 수준의 확보에 관심을 가질지 모르지만 그에 상응하는 권리를 갖지는 않는다고 주장할지 모른다. 사람이 최소한의 생활 수준에 대한 권리 즉 복지권(welfare right)을 갖는다는 주장은 특히 로크적 전통의 자유주의자들에 의해 도전받아왔는데, 이 문제는 나중에 자세히 논의할 것이다.

## 2) 동등한 자유와 사회적 및 경제적 불평등 간의 양립 가능성 문제

사회계약의 성격이 제시되었으므로, 이제 현대 이론가들에 의해 제기된 자유 및 권리와 관련된 가장 논쟁적인 문제들의 일부에 초점을 맞추고 이제 앞에서 설명한 계약론적 체계에 비추어 그것들을 논의해보려고 한다.

동등한 자유, 더 구체적으로 언론 또는 표현의 자유와 같은 기본적인 자유의 평등은 사회적 혹은 경제적 불평등과 양립하기 어렵다고 주장하는 사람들이 있다. 예를 들어 Daniels는 이 문제를 다루면서 동등한 자유와 사회 및 경제적 불평등이 양립 가능하다는 Rawls의 주장에 대해 비판을 가한다.[94] 동등한 자유와 불평등한 부 또는 권력이 양립할 수 있다는 Rawls의 논의는 가장 체계적이고 포괄적이기 때문에 주목해볼 필요가 있다.

기본적인 자유의 평등은 사회적 혹은 경제적 불평등과 양립하기 어렵다는 문제의 원인은 자유 개념의 부적절한 해석에 있는 것으로 여겨진다. 따라서 더 깊이 있는 논의에 들어가기 전에 Rawls가 자유를 어떻게 설명하는가를 살펴볼 필요가 있다. Rawls는 자유를 세 가지 요소, 즉 '누가 자유로운가', '어떤 제약으로부터 자유로운가', '무엇을 하거나 하지 않을 자유가 있는가'의 세 가지 요소로 설명한다.[95] 그리고 자유에 관한 일반

---

94) Norman Daniels, "Equal Liberty and Unequal Liberty", in *Reading Rawls*, 1974, pp. 253-281.

95) John Rawls, *A Theory of Justice*, p. 202.

적인 진술은, "어떤 사람(들)이 어떤 것을 하거나(혹은 할 수 없는) 어떤 제약(들)으로부터 자유롭다(혹은 자유롭지 않다.)"의 형식을 지니고 있다.[96] 여기서 말하는 제약은 법적 의무나 금지뿐 아니라 "여론과 사회적 압력으로부터의 강압적인 영향"을 포함하는데, Rawls는 주로 법적인 제약에 관심을 가졌다.[97] 만약 자유에 대한 이와 같은 해석을 따르면, 여론이나 사회적 압력에 너무나 취약해서 하고 싶은 말을 할 수 없는 사람은 언론의 자유가 없거나 거의 없을 것이다. 그러나 자기가 말하고자 하는 것(비방 등을 제외하고)에 다른 사람이 어떻게 반응하는가에 개의하지 않는 사람은 완전한 언론의 자유를 누릴 것이다. 전자는 이러저러한 말을 하는 데 어떤 제약으로부터 자유롭지 못한 반면에, 후자는 다른 사람이 어떻게 반응하는가에 개의하지 않는 한 그러한 제약으로부터 자유롭다. 신은 존재하지 않는다고 내가 말하고 싶다고 가정해보자. 그렇게 말하면 나는 기독교계 학교에서 근무하는 나의 지위가 박탈되거나 다른 불이익을 겪게 될 것인데, 이러한 불이익은 도덕적으로나 법적으로나 허용될 수 있을 것이다. 만약 그러한 불이익을 신이 존재하지 않는다고 내가 말하지 못하게 하는 제약으로 느낀다면 나는 그 문제와 관련하여 언론의 자유가 없을 것이다. 그러나 내가 그러한 '제약'을 장애로 느끼지 않는다면 나는 그 문제와 관련하여 언론의 자유를 누릴 것이다. 이것이 의미하는

---

96) John Rawls, 상게서, p. 202.
97) 상게서, 202.

것은, 사람이 사회적 압력을 어느 정도 느끼느냐에 따라 언론의 자유를 더 많이 혹은 적게 누릴 수 있다는 것이다. 다시 말해 한 사람의 언론의 자유는 다른 사람의 언론의 자유와 같지 않다고 말할 수 있다. 그러나 이것은 기본적 자유는 모든 사람에게 똑같다는 Rawls의 주장과 모순된다.

불평등한 부나 권력을 허용하는 것도, 자유에 대한 롤스의 일반적 기술을 받아들인다면 불평등한 자유로 귀결될 수 있다. 물론 Rawls는 자유와 자유의 가치(worth of liberty)를 구별하고, 경제적 요인들은 자유가 아니라 자유의 가치에 영향을 준다고 말한다.

> 빈곤과 무지의 결과로 인해 그리고 일반적으로 여러 수단들의 결핍으로 인해 자신의 권리와 기회를 이용할 수 없는 것이 가끔 자유를 한정하는 제약으로 간주된다. 그러나 나는 그렇게 말하지 않고, 오히려 그러한 것들은 자유의 가치에, 즉 첫 번째 원리들이 규정하는 권리들이 개인에 미치는 가치에 영향을 준다고 생각할 것이다.[98]

그러나 자유를 한정하는 제약에 여론이나 사회적 압력과 같은 제약을 포함하면서 경제적 요인들은 그로부터 배제해야 할 이유가 없다. Daniels가 지적한 바와 같이, 경제적 요인들을 특별히 배제하는 것은 자의적인 것으로 생각된다.[99] 경제적 요인들을 자유의 규정요소인 제약으로부터 배제해야 할 이유가 없

---

98) 상게서, p. 204.
99) Norman Daniels, 전게서, p. 261.

다면 부유한 사람은 가난한 사람보다 더 많은 자유가 있을 것이다. 부유한 사람은 대중매체에 더 접근하기 쉽고 그것을 더 통제하기 쉬우며 자신의 의견을 더 많이 제시할 수 있을 것이기 때문에 더 많은 '언론의 자유'를 누릴 것이다.[100] 그렇다면, Daniels가 결론 내린 것처럼, 부와 권력에서 중요한 모든 불평등을 배제하지 않고 자유의 평등을 달성하는 것은 불가능할지 모른다.[101] Rawls는 그가 해석한 자유의 개념을 가지고 동등한 (기본적) 자유와 사회 경제적 불평등을 조화시키려고 하지만, 그의 시도는 성공하기 어려울 것이다.

기본적 자유의 평등이 부나 권력의 불평등과 조화를 이루는 것은 자유주의 이론가들의 공통된 가정이었는데,[102] 그렇다면 그것이 어떻게 가능할까? 호펠드적 자유에 대한 해석을 따르면, "나는 X를 할 수 있는 자유가 있다."라는 진술은 "나는 X를 해서는 안 될 의무가 없다"라는 진술과 같고, "나는 X를 하지 않을 자유가 있다."라는 진술은 "나는 X를 해야 할 의무가 없다."라는 진술과 같다. 자유에 대한 이러한 분석에 따르면 한 사람의 언론의 자유는 다른 사람의 언론의 자유와 같다. 왜냐하면 사람이 언론의 자유를 갖느냐의 문제는 사회적 압력이나 빈곤에 의해 영향을 받는 문제가 아니라, (이러저러한 말을 해서는 안 될) 의무를 갖느냐 갖지 않느냐의 문제이기 때문이다.

---

100) 상게서, p. 256.

101) 상게서, p. 281.

102) 상게서, p. 258.

전자의 경우는 사람이 사회적 혹은 경제적 요인에 의해 어느 정도 영향을 받느냐에 따라 언론 자유의 정도를 허용하지만, 후자는 그렇지 않다. 한 사람이 다른 사람보다 사회적 압력이나 빈곤의 제약을 더 받을 수 있지만, 그들은 모두 이러저러한 말을 해서는 안 될 의무는 없다는 의미에서 동등한 언론의 자유를 누릴 수 있다. 갑은 부양해야 할 가족이 있어서, 그의 통치자를 비판하는 것은 그의 직위로부터 해고와 가족에게는 그에 따른 고통을 받는다는 것을 의미한다. 반면에 을은 혼자 살고 있고, 그가 직업을 잃어도 자기 혼자 먹고 사는 데 어려움이 없기 때문에 그러한 문제를 걱정할 필요가 없다. 이 경우 갑은 을보다 그의 통치자를 비판하는 데 더 많은 제약을 받는다. 다시 말해 갑과 을은 Rawls의 체계를 따르면 그들의 통치자를 비판하지 못하는 제약으로부터 자유로운가의 측면에서 보면 평등하지 않다. 그러나 갑과 을은 둘 다 통치자를 비판해서는 안 되는 의무가 없다는 의미에서 통치자를 비판할 수 있는 동등한 자유를 갖는다. 이러한 의미의 자유는 정치적 활동의 동등한 자유도 명쾌하게 설명한다. 어떤 사람은 대통령 후보가 되는 데 소수집단의 구성원이라는 장애가 있을지 모른다. 따라서 그는 자기가 원해도 전 생애 동안 대통령 후보가 되기 어려울 것이다. 그런데도 시민들은 어느 누구도 그렇게 하지 말아야 할 의무가 없다는 의미에서 대통령 후보로 나설 수 있는 동등한 자유가 있다고 말할 수 있다. 이 말은 한 사람의 자유의 체계가 다른 사람의 자유의 체계와 같다는 뜻이 아니라,

모든 사람의 기본적 자유는 동등하다는 뜻이다.

자연의 상태에서 사람들은 어떤 것을 하거나 하지 말아야 할 의무가 없다는 의미에서 모두가 동등한 자유를 갖는다. 그러나 사회에 들어가면서 그들은 여러 가지 일에 관여하고 사회적 지위를 얻음으로써 그들의 자유를 제약하기 시작한다. 결혼한 사람은 그렇지 않은 사람보다 (다른 요소들이 같은 경우) 더 적은 자유를 갖는다. 학생의 논문 심사위원이 되기로 동의한 교수는 그렇지 않은 교수보다 더 적은 자유를 갖는다. 여러 가지 일에 관여하고 지위를 가지면서 개인의 전체적인 자유는 사람마다 다르다. 그러나 기본적인 자유는 모두에게 똑같다. 왜냐하면 기본적 자유는 어떤 사회적 지위나 활동에 관여한 사람으로서가 아니라 단지 인간으로서 갖게 되는 것이기 때문이다. 모든 사람은 단지 인간으로서, 범죄를 저지르지 않은 한, 언론의 자유, 결사의 자유 등을 갖는다. 군 장교와 같이 특정한 직종에 종사하는 사람은 어떤 단체를 조직하거나 참여하지 못할 수도 있다. 그러나 이것이 그가 다른 사람보다 더 적은 결사의 자유를 갖는다는 것을 의미하지는 않는다. 그는 자유로운 인간으로서 자신의 직업을 포기하고 단체를 조직하거나 참여할 수 있다. 다시 말해 그렇게 하지 말아야 할 의무는 없다. 이러한 의미에서 그의 결사의 자유는 다른 자유로운 인간의 결사의 자유와 동등하다. 따라서 모든 사람이 사회적 압력이나 빈곤과 같은 제약에서도 그러한 것처럼, 그들의 사회적 지위와 관여에 상관없이 동등한 기본적 자유를 갖는다고 말할 수 있다.

자유에 관한 호펠드적 해석에 따르면, 앞에서 논의한 것처럼 동등한 기본적 자유는 사회적 경제적 불평등과 양립할 수 있다. 그러나 호펠드적 해석은 너무 협소하여 전체의 자유를 설명할 수 없다고 주장할 수도 있다. 우리는 가끔 Rawls의 기본적 자유 중 하나인 임의적 체포로부터의 자유를 말하고, 굶주림, 공포, 무지로부터의 자유 등등에 대해서 말한다. 그러나 '⋯로부터의 자유'는 호펠드적 요구권으로 귀결될 수 있다. 그 요구권에는 다른 사람의 의무가 상응한다. 따라서 '임의적 체포로부터의 자유'는 임의로 체포당하지 않을 권리로, 그리고 '굶주림으로부터의 자유'는 굶주리지 않을 권리(일종의 복지권)로 귀결될 수 있다.

## 3) 복지권: 최소한의 생활 수준을 누릴 수 있는 권리

다음에 우리가 논의할 문제는 인간이 최소한의 생활 수준을 누릴 권리 즉 복지권이 있느냐의 문제이다. 로크적 전통의 자유주의자들은 복지권을 인정하지 않는다. 복지권을 모두에게 실현하는 것은 필연적으로 정부에 의한 재분배를 요구하게 되는데, 이것은 재산권에 대한 부당한 침해(주로 과세를 통한)를 가져오기 때문에 복지권은 진정한 권리가 아니라고 주장한다.103) 이러한 주장에는 개인이 자신의 노동으로 생산한 것이

---

103) Robert Nozick은 권리(entitlement)의 관점에서 "부정의의 교정에 관한 원리에 따라 거두어들이는 것"을 제외하고 재분배는 '사람의 권리를 침해하

라면 뭐든지 (아마도 사회질서나 국가안보를 유지하기 위한 비용을 지불하는 것을 제외하고) 정부의 간섭이 없이 마음대로 사용할 수 있는 자신의 재산이라고 주장할 수 있다는 가정이 포함되어 있다. 이러한 가정에 대한 최종적인 판단을 내리기 전에 우선 당분간 사회의 거의 모든 재화나 자원이 재능이 있거나 운이 좋은 사람의 손에 들어가 있어 나머지 사람들은 가난하게 살고 있다고 가정해보자. 이러한 상황은 경제활동이 정부의 간섭 없이 이루어지는 자유로운 자본주의 사회에서 발생할 수 있다. 그러나 그러한 상황에서는 가난한 사람들에게 부유한 사람들의 소유물을 그들의 재산으로 인정하거나 혹은 탈취해서는 안 된다고 설득하는 것은 어려울 것이다.

'재산'(property)의 개념은 '대부'(loan), '결혼'(marriage), '살인'(murder) 등과 같이 사회 혹은 사회적 규칙의 존재를 전제한다. 사회가 없이는 재산도 없다. 따라서 재산의 성격과 범위는 우리가 사회의 성격을 어떻게 규정짓느냐에 어느 정도 달려있다. Rawls가 말한 것처럼, 사회는 상호 이익을 위한 협동체(cooperative scheme)이다. 자신이 어떤 계층이나 사회 집단에 속하건, 그로부터 모든 사람은 이익을 얻을 수 있다. 부유한 사람은 사회의 맥락 안에서만 소유물을 자신의 재산으로 지킬 수 있다. 자연의 상태에서 사람들은 자신이 지니고 있는 것이 (정

---

는' 심각한 결과를 가져온다고 주장한다(Anarchy, State, and Utopia. p. 168). 또한 Norman Bowie, "Equal Basic Liberty for All" in H. Gene Blocker, et. al.(eds.), *John Rawls' Theory of Social Justice*, pp. 115-116, Alan H. Goldman, "Responses to Rawls from the Political Rights", 상게서, pp. 432-434 참조.

직한 노동으로 생산한 것까지도) 자신의 재산이라고 주장할 수 없을 것이다.[104] 재능 있는 사람은 그가 활동을 할 수 있는 사회적 무대를 유지하는 데 있어서 불리한 위치에 있는 사람들의 협동이 없이는 그의 재능을 소유하는 것만으로는 이득을 얻을 수 없을 것이다. 복지권을 인정하지 않는다면 유리한 집단의 사람들은 최소한의 생활 수준 이하에서 사는 사람들에게 사회를 유지하는 데 필요한 협동을 기대할 수는 없다. 그들의 이익은 모든 사람들에게 최소한의 생활 수준이 보장되는 조건에서만 존중된다.

이러한 주장은 Rawls의 차등의 원리(difference principle)를 상기시킨다. 차등의 원리는 "유리한 상황에 있는 사람들의 더 높은 기대치는 그것이 사회의 최소수혜자의 기대치를 높여주는 체계의 일부로서 작용하는 경우에 그리고 그 경우에만 정당하다."라고 규정한다.[105] 차등의 원리는 사회적 최소치(social minimum)가 각자에게 보장되도록 요구한다.[106] 그러나 차등의 원리가 지니는 문제점은 그것이 사회적 최소치의 보장보다 더 많은 것을 요구한다는 점이다. 즉 그것은 적절한 최소치가 이미 달성되었어도 최소수혜자의 기대치를 끊임없이 높이도록 요구한다는 것이다. Rawls는 물론 일단 적절한 최소치가 소득

---

104) Rodney Peffer도 사회적 협동체(cooperative social scheme)의 밖에서 재산권 (property rights)을 말하는 것은 이치에 닿지 않는다고 주장한다("A Defense of Rights to Well-being", *Philosophy and Public Affairs*, 8, 1978, p. 84).

105) Rawls, *A Theory of Justice*, p. 75.

106) 상게서, pp. 276-277.

이동에 의해 제공되면 전체 소득의 나머지는 가격 체계에 의해 설정될 수 있다고 밀한다.[107] 그러나 부나 소득의 그러한 부분은 자유 시장 체계가 차등의 원리에 의해 규제되는 한, 최소수혜자에게 이익이 되는 경우에만 허용될 수 있다. 공리주의는 어떤 사람에게 다른 사람을 위해 보다 큰 인생 기대치를 포기하도록 요구한다고 Rawls는 주장한다.[108] 그런데 열심히 일하는 재능 있는 사람이 다른 사람에게 최대한 이익을 주도록 희생할 것을 요구한다는 점에서 Rawls도 똑같은 부정의(injustice)의 문제점을 지니고 있다.[109]

그러나 사회적 최소치의 단순한 실현은 사회를 유지하는 데 있어서 상호 협동을 위한 최소한의 조건이기 때문에, 재능 있는 사람이 다른 사람들을 위해 그의 이익을 희생하도록 요구하지는 않을 것이다. 이제 사회계약의 당사자들이 재능 있는 사람으로 분류되건 아니건 간에 최소한의 조건에 그들이 합의할 수 있는지를 보여주기만 하면 된다. 최저 생활 수준에 대한 사회적 보장이 없이는 최저 생활 수준에 미치지 못하는 사람에게 재능 있는 사람의 이익을 존중하도록 기대할 수 없고, 또한 협동체로서의 사회를 유지하지 못하면 재능이 없는 사람보다 재능 있는 사람이 잃을 것이 더 많을 것이기 때문에 그러한 사회

---

107) 상게서, p. 277.

108) 상게서, p. 180.

109) Alan H. Goldman, "Responses to Rawls from the Political Rights", in *John Rawls' Theory of Social Justice*: An Introduction, edited by H. Gene Blocker and E. H. Smith(Athens: Ohio University Press, 1980), p. 436.

적 보장에 동의할 것이다.[110] 정부에 의해 집행되는 재분배에 대한 일반적 합의가 없어도 재능 있는 사람과 없는 사람 사이에 특정 사회계약을 통한 사회적 협동이 있고 그리하여 재능 있는 사람이 국가에 의한 재분배에서보다 협동을 위한 자유로운 계약을 통해 더 잘 살아 갈 수 있을 것으로 주장하는 사람이 있다.[111] 그러나 사회의 일부 구성원들이 최저 생활 수준 이하에서 살 수밖에 없는 체제에서는 그러한 개별적 계약이 그들에게는 의미가 없을 것이며, 기득권층과의 협동도 마찬가지로 의미가 없을 것이다. 기득권층은 최저 생활 수준이 모든 사회 구성원들에게 확보되는 경우에만 특정 계약을 통해 이익을 얻을 수 있다. 재능이 없는 사람도 최저 생활 수준을 확보하는 것이 다른 어떤 사람보다 그들에게 더 이익이 되기 때문에 최저 생활 수준의 사회적 보장에 합의할 것이다. 물론 그들은 최저 생활 이상을 더 요구하는 경향이 있을 수 있다. 그러나 재능 있는 사람들은 그들에게 희생을 요구할 수 있는 그러한 조건에 합의하지 않을지 모른다. 사회계약은 만장일치를 요구한다. 사회계약의 당사자들이 만장일치로 합의할 수 있는 유일한 조건은 단순히 최저 생활 수준의 실현이다. 이것은 사회계약의 단계에서 각 당사자가 협동체계로서의 사회를 유지하기 위해

---

110) 사회를 유지하지 못할 때 재능 있는 사람이 없는 사람보다 잃을 것이 더 많다는 것은 그러한 경우에 재능 없는 사람이 재능 있는 사람보다 얻을 게 더 많다는 것을 의미하는 것이 아니다. 여기에서의 상황은 게임과 같이 만약 한쪽이 이기면 다른 쪽은 지게 되어 있는 그러한 관계가 아니다. 그것은 어떠한 사람도 이득을 얻을 수 없는 자연의 상태이다.

111) Goldman, "Responses to Rawls from the Political Rights", 상게서, p. 436.

서 합의할 수 있는 조건들 중 하나로, 그것은 최저 생활 수준에 대한 권리 즉 복지권을 구성한다.

복지권은 재산권과 같은 중요성을 갖는다. 다시 말해 두 권리는 사회계약의 단계에서 생성되기 때문에 어느 하나가 다른 것보다 더 우선하는 것이 아니다. 사람들은 복지권의 실현을 위해 내어놓는 부분을 제외하고 자신의 정직한 노동의 산물에 대한 재산권을 갖는다. 즉 복지권의 실현을 위해 떼어 놓은 부분에 대해서는 재산권이 없다는 점에서 복지권과 재산권은 서로 양립할 수 있다. 따라서 자유 지상주의자들이 주장하는 것처럼 복지권의 실현은 재산권에 대한 부당한 침해를 필연적으로 가져온다고 말할 수 없다.

복지권의 내용이 무엇인지, 그것이 어떻게 실현될 수 있는지는 어떤 사회에 사는가에 따라 달라질 수 있다. 산업화된 선진국의 최저 생활 수준은 개발도상국보다 높을 것이다. 부유한 국가에서 복지권으로 향유되는 것은 가난한 나라에서 볼 때 사치로 간주될 수도 있다. 최저 생활 수준이 사회에 따라 어떻게 다르건 간에 사람은 자기 사회의 경제 수준에 맞는 방식으로 실현되는 복지권을 지닌다는 것은 의심의 여지가 없다.


## 4) 사회계약론에 대한 반론

이제 사회계약 이론에 대해 제기된 반론에 대해 살펴보겠다. 계약이론은 잘못된 가정, 즉 인간에 대한 원자적 관념(atomic conception)에 기초하고 있다고, 따라서 개인이 계급 또는 집단의 구성원이라고 생각한다면 실패할 수밖에 없다고 주장한 사람들이 있다.112) Milton Fisk는 "만약 인간의 본성에 집단이익(group interests)의 관념이 필연적으로 포함되어 있다면 일반적인 사회계약은 달성될 수 없다."라고 주장한다.113) 최소수혜 집단은 그들의 복지를 위해 다른 집단과의 갈등 속에서 투쟁하는 경우에만 최선의 생활 수준을 달성할 수 있으므로 그들은 사회질서의 안정을 위한 조직을 확립하기 위해 동의하지 않을 것이며, 그러한 동의가 없다면 사회계약은 공허할 것이라는 것이다.114) 그러나 어떤 종류의 사회가 존재한다는 가정을 하지 않으면 계급 또는 집단 간의 투쟁을 상상할 수 없다. 사회적 이익이나 부담을 각 계급이나 집단의 구성원에게 어떤 방식으로 할당하는 사회질서가 있다는 것을 가정하는 경우에만 어느 한 계급이나 집단의 이익이 다른 집단의 이익과 충돌한다고 말할 수 있다. 사회계약은 사회에 들어가기로 합의하는 것이기 때문에 사회의 존재를 가정하는 요소들은 고려 대상에서 제외될 것이다. 사회계약의 당사자들은 사회의 맥락을 벗어난 상태를 상정하여 숙고를 한다. 따라서 그들은 자신이 어느 계층 또는 사회 집단에 속하는지조차 알지 못한다. 물론 그들은 롤스적 사

---

112) Milton Fisk, "History and Reason in Ralws' Moral Theory", in N. Daniels(ed.), *Reading Rawls*, pp. 53-58: Cristian Bay, "From Contract to Community" in F. R. Dallmayr(ed.), *From Contract to Community*, p. 35.

113) Milton Fisk, 상게서 p. 63.

114) 상게서, p. 63.

회계약 당사자와는 달리 나이, 성별, 재능 등등과 같은 자연적 특성에 대해서는 알고 있다.[115] 그리고 그러한 범주에 따라 그들은 어린이나 아동, 여성과 남성, 재능 있는 사람과 없는 사람 등등의 집단으로 묶을 수 있다. 그러나 그러한 무리 지음은 계약이론에 대한 공격에서 계급투쟁 이론가들이 사용하는 계층이나 집단의 개념을 반드시 포함하는 것은 아니다. 계급투쟁이나 집단갈등이 있다면, 그것은 사회가 존재하는 곳에서만 발생한다. 따라서 이전의 주장, 즉 만약 개인이 갈등을 겪고 있는 계급이나 집단의 구성원으로 생각되어야 한다면 계약이론은 실패할 수밖에 없다는 주장은 근거가 빈약하다.

또 다른 반론은 플라톤의 '공화국'(359a)으로 거슬러 올라갈 수 있는데, 계약이론은 순환논법(vicious circle)에 빠져 있다는 반론이다. 사회계약은 사회를 확립하기 위한 합의이다. 그러나 사회가 없다면 그러한 합의는 맺어질 수 없다. 계약은 사람들 간의 거래인데, 이것은 사회의 존재를 가정한다.[116] 아메리카의 초기 정착민들은 국가를 확립하기로 계약을 맺었다는 사실 (역사책을 참조함으로써 알 수 있음)로부터 특정 시간이나 장소를 확정할 수 있지만, 사회계약은 가상적인 계약이며 따라서 (만약 자연의 상태와 같은 어떤 상황에 놓여 있다면) 모든 사

---

115) 롤스적 사회계약 당사자들은 그들의 사회적 지위나 부의 수준뿐만 아니라 선천적 자질이나 능력 등등, 자신과 관련된 사실들을 아는 것이 허용되지 않는다(Rawls, *A Theory of Justice*, 1971, p. 137). '무지의 베일'이라는 이와 같은 개념은 사회계약의 구속력과 관련하여 나중에 자세히 다루어질 것이다.

116) Raphael, *Problems of Political Philosophy*, p. 89 참조.

람이 사회를 갖기로 합의한다는 사실로부터 특정 시간이나 장소를 결정할 수 없다. 특정 시공간의 맥락을 벗어나서 맺는 사회계약은 그러한 맥락에서 맺는 실제적인 계약과 달리, 그것을 맺기 위해 사회의 존재를 필연적으로 전제하는 것이 아니다. 사회계약은 언어를 사용하는데, 언어는 확립된 사회체계이며, 따라서 사회계약은 사회의 존재를 가정하지 않고서는 불가능하다는 반론에도 유사한 답변을 제시할 수 있다. 사회계약은 실제적인 계약과 달리 구두건 문자건 간에 언어의 사용을 요구하지 않는다. 그렇다면 언어를 사용하지 않는 계약이 구속력 있는 진정한 계약이라고 말할 수 있을까? 이러한 물음은 다음 절에서 다루어질 것이다.

# 4

# 사회계약의 구속력

　사회계약은 가상적 상황 즉 자연의 상태나 혹은 **Rawls**가 제시한 '원초적 입장'에서 사람들이 맺는 합의이다. 그것은 사람들이 실제로 맺는 실제적인 계약이 아니라 어떤 조건이 주어지는 경우 맺게 될 가상적인 계약이다. 만약 사회계약이 실제의 사람들이 맺는 계약이 아니라면 가상적 상황에서 맺게 될 합의에 왜 구속받아야 하는가? 이러한 종류의 물음은 특히 **Rawls**의 사회계약에 대해 많은 이론가들이 제기해 왔다.[117] 그들은 실

---

117) R. Dworkin, "The Original Position", in N. Daniels(ed.), *Reading Rawls*, 1974, pp. 16-26; D. Lyons, "Nature and Soundness of the Contract and Coherence Argument", 상게서, pp. 149-160; L. F. Katzner, "The Original Position and the Veil of Ignorance", in H. G. Blockerand and E. H. Smith(eds.), *John Rawls' Theory of Social Justice*(Athens: Ohio University Press, 1980), pp. 69-70; A. H. Goldman, "Responses to Rawls from the Political Right", 상게서 pp. 445-448; A Gewirth, "The Basis and Content of Human Rights", in J. R. Pennock and J. W. Chapman(eds.), *Human Rights*(Nomos, XXIII), pp. 122-123; J. Narveson, "Human Rights; Which, If Any, Are There?" 상게서, pp. 180-181.

제적인 계약에 부여할 수 있는 구속력을 사회계약에서는 인정하지 않는다. 이 단원에서는 먼저 Rawls가 제시한 사회계약을 검토하고, 그것의 구속력과 관련하여 제기할 수 있는 비판은 우리가 염두에 두는 사회계약에는 제기할 수 없다는 것을 설명할 것이다. 그다음 여기서 의미하는 사회계약은 비록 가상적이긴 하지만 실제적인 계약과 마찬가지로 구속력이 있다는 것을 주장할 것이다.

롤스적 계약 당사자들은 무지의 베일(veil of ignorance)을 그 특징으로 하는 원초적 입장에서 정의의 원리들을 확립하기 위해 계약을 맺는다. Rawls의 이론에서 원초적 입장의 주요 기능은 사회의 기본 구조를 규제하는 정의의 원리들을 선택할 때 공정성을 달성하기 위한 것이다. Rawls는 "사람들에게 갈등을 일으키고 사회적 및 자연적 여건을 그들 자신의 이익을 위해 이용하기 쉽게 만드는 특수한 우연적 요소들의 효과들"을 무력화시킴으로써만 그러한 일을 할 수 있다고 믿는다.[118] 이러한 목적을 달성하기 위해 Rawls는 무지의 베일이라는 개념을 도입한다. 무지의 베일은 사회계약의 당사자들에게 자기 자신, 자신의 사회 그리고 그 둘 간의 관계에 대한 특수한 사실들에 관한 지식을 차단함으로써 정의의 원리를 자신의 이익에 맞도록 구성하는 것을 배제하는 데 그 목적이 있다. 계약 당사자들은 자신의 사회적 지위나 직책에 대해서뿐만 아니라 자신의 천부적 자질이나 능력에 대해서도 알지 못하도록 차단된다. 롤스

---

118) Rawls, *A Theory of Justice*, p. 136.

적 계약 당사자들은 각자가 자신과 다른 사람을 구별시켜줄 수 있는 깃에 대해서는 아무것도 모르기 때문에 모두가 똑같은 상황에 놓여 있다.

실제 행위자로서 우리는 순전히 가상적인 행위자가 맺게 될 합의에 왜 구속받아야 하는가? 원초적 입장에 구현된 조건이나 제약이 절차적 공정성의 모형을 구성하고 있고, 따라서 적절한 사고를 거치면 그 자체로서 모든 사람에게 수용될 수 있는 것이기 때문에, 우리는 그러한 상황에서 합의하는 결정을 따라야 한다고 대답할 수 있다.[119] 그러나 어떤 사람들은 계약 당사자들에게 가해진 무지의 베일이라는 인위적인 제약의 아이디어 자체를 반대할 수 있다.[120] "무지 속에서 도달한 합의는 정당화되기보다는 효력이 없는 것"이라고 말할 수 있다는 것이다.[121] 더군다나 계약 당사자들을 무지의 베일 하에 놓는 것은, 특수한 우연적 요소들의 효과를 무력화시킴으로써 불이익을 당하는 사람들이 누구보다 재능 있는 사람들이기 때문에 특히 이들에게 불공정할 수도 있다. 따라서 재능 있는 사람들이 무지의 베일이라는 제약을 받아들여야 할 이유가 없을 것이다. Gewirth가 지적한 것처럼, 무지의 가정은 "인간이 사실상 모든 특수한 성질들을 모르고 있는 것이 아니므로 독립된 합리적인 정당화 이유를 갖고 있지 못하다."라고 할 수 있다.[122]

---

119) Rawls, 상게서, p. 136.

120) Goldman, 상게서, p. 21, 136.

121) 상게서, p. 446.

122) A. Gewirth, "The Basis and Content of Human Rights", in J. R. Pennock

실제의 이기적인 인간들이 개별성이 사라진 인위적으로 규정된 사람들이 맺게 될 합의에 대해 신경을 써야 할 이유가 없는 것처럼 보인다. 그러나 우리의 사회계약에서는, "왜 실제의 이기적인 사람들이 그들 스스로 최초의 상황 즉 자연의 상태에서 맺게 될 합의에 구속을 받아야 하는가?"의 물음이 제기될 수 있다. 롤스적 계약 당사자들은 무지의 베일의 가정에 의해 개인들의 차이가 사라지고 따라서 모두가 똑같은 반면에, 우리의 사회계약에서는 계약 당사자들이 그들의 개별적 특성을 모두 유지한다. 그들은 롤스적 계약 당사자들에게 허용되지 않은 나이, 성별, 인종, 재능 등등과 같은 자신과 관련된 특수한 사실들을 아는 것이 허용된다. 그들은 가질 수 있는 모든 정보와 함께 계약을 맺는다. 그들은 자신과 관련된 정보를 갖고 있기 때문에 자신이 선호한 것에 우호적인 조건들을 고집하려고 할 것이며, 이것이 만장일치에 이르는 것을 어렵게 할 수 있다.

롤스의 사회계약에서는 그의 원초적 입장이 만장일치가 달성될 수 있도록 고안되어 있기 때문에 그러한 종류의 상황을 걱정할 필요가 없을 것이다. 롤스적 계약 당사자들이 의견의 불일치를 보는 것은 논리적으로 불가능하다. 왜냐하면 그들은 자신의 선호나 관심 사항을 포함하여 자신과 관련된 지식이 배제되고, 그러한 무지 상태에의 선택은 갈등하는 이익을 갖는 여러 행위자들 간의 상호 이익을 위한 합의라기보다는 베일을

---

and J. W. Chapman(eds.), *Human Rights*: Nomos XXIII (New York: New York University Press, 1981), p. 123.

벗을 경우 아무나 될 수 있다는 것을 가정하는 한 사람에 의한 결정이어야 하기 때문이다. 롤스적 계약에서는 사람들이 서로 절충한다는 것은 이치에 맞지 않다. 왜냐하면 이것은 다른 사람의 이익과 갈등하는 자신의 이익을 안다는 것을 가정하기 때문이다.

롤스적 사회계약의 당사자들이 만장일치의 합의를 한다 할지라도 자신과 자신의 선호에 대해 알고 있는 실제의 사람들은 계약의 구속력과 관련된 질문을 여전히 제기할 것이다. 롤스적 사회계약은 만장일치의 이점이 있지만 그 대신 구속력이 희생된다고 봐야 한다. 계약의 구속력과 관련된 질문은 자신의 정체성을 지니고 있는 특정인이 그가 맺는 계약에 구속을 받아야 하는가이다. 그러나 롤스적 계약에서는 계약 당사자들이 모두 자신의 개별적 특성에 관한 지식이 배제되어 있기 때문에 자신을 다른 사람과 구별할 수 있는 방법이 없다. 사람들이 원초적 입장에서 만장일치의 합의를 한다 할지라도 어떤 특정인이 왜 그것을 지켜야 하는가의 물음을 제기할 수 있다.

우리의 사회계약도 롤스적 사회계약이 받는 것과 똑같은 비판에 직면할 수 있을 것이다. 사람들이 자연의 상태에서 만장일치의 합의를 이룬다 할지라도 우리는 자연의 상태에서가 아니라 사회에서 실제로 살고 있기 때문에, "사람들이 자연의 상태에서 맺는 합의를 왜 지켜야 하는?"라는 물음을 여전히 제기할 수 있다. 여기에서의 상황은 롤스적 계약에서보다 더 악화되어 있는 듯이 보인다. 롤스적 사회계약에서는 의견의 불일치가 불가능하지만, 우리의 사회계약에서는 각 당사자가 자신의 선호에 우호적인 조건들을 고집할 수도 있기 때문이다. 따라서 지금까지 설명한 사회계약이 어떤 구속력을 갖는가를 확인하기 전에, 롤스의 경우와는 다른 논리적 특성을 갖긴 하지만 만장일치가 여기에서도 달성될 수 있다는 것을 보여주고자 한다.

롤스적 계약 당사자들에 의한 합의는 한 사람의 동일한 인간에 의한 결정이나 마찬가지이다. 따라서 그들이 의견의 불일치를 보이는 것은 논리적으로 불가능하다. 왜냐하면 의견의 불일치는 계약 당사자들이 자신의 이익(interests)에 대해 알고 있는 독립된 개인들이어야 한다는 것을 의미하기 때문이다.[123] 롤스의 계약 당사자들은 무지의 베일을 가정함으로써 만장일치를 이룬다는 것이 필연적으로 귀결된다. 그들은 Rawls가 제안한 정의의 원리에 합의하거나 하지 않을지 모르지만, 어쨌든 그들은 만장일치에 이르게 되어 있다. 다시 말해 그들은 모두 똑같기 때문에, 어떤 사람은 롤스의 정의의 원리에 합의하고 다른 사람은 하지 않는 것이 불가능하다. 우리의 사회계약에서는 계약 당사자들이 만장일치를 이루느냐는 문제는 필연성이 아니라 우연성(contingency)의 문제이다. 그것은 계약 당사자 각자가 가질 수 있는 이익에 의존한다. 그렇다면 우리는 "계약 당

---

123) Rawls는 "원초적 입장에서의 선택을 무작위의 한 인간의 관점에서 볼 수 있다. 만약 적절한 숙고를 한 후 어떤 사람이 한 정의 관념을 다른 관념보다 선호한다면 그들은 모두 그러할 것이며, 그리하여 만장일치가 달성될 수 있다."라고 말한다(Rawls, *A Theory of Justice*, 1971, p. 139).

사자 중 한 사람이 그에게 유리한 원리를 다른 사람들이 합의해주지 않으면 끝까지 버티겠다고 한다."라는 것을 상상할 수 있다.[124] 그러나 사회계약의 당사자들이 합의하는 조건들은 그들이 공유하는 기본적 이익과 관련되어 있다. 따라서 그러한 조건들이 어떤 사람에게는 유리하고 다른 사람에게는 불리하다고 말할 수 없다. 생명의 안전은 예컨대 강자뿐만 아니라 약자에게도, 모든 사람에게 똑같이 중요하다. 다른 기본적인 이익도, 어떤 사람에게는 하나가 다른 것에 비해 더 선호될 수도 있지만, 마찬가지로 모두에게 중요하다고 말할 수 있다. 물론 어떤 사람은 갖고 있지만 다른 사람은 갖지 않은 이익이 있다. 일부 사람들은 어떤 음악에 특별히 관심이 있어서, 사회의 기본 구조를 규제하는 원리들이 그러한 관심을 가장 충족시키는 원리가 되기를 바랄지 모른다.[125] 그러나 어떤 사람은 그러한 음악에 관심이 없어 그것에 관심 있는 사람들에 맞춘 원리들에 합의하지 않을 것이다. 사람들이 우연히 갖게 되는 특별한 이익이나 필요 욕구가 관련되는 문제에는 의견의 불일치가 있을지 모르지만, 어떤 인생 계획을 갖건 간에 반드시 필요한 기본적인 이익이나 필요 욕구에 대한 상호 존중에는 모두 만장일치로 합의할 것이다.

자기 자신에 대해 알고 있어도 사회계약의 당사자들은 사회

---

124) 상게서, p. 140.

125) L. F. Katzner, "The Original Position and the Veil of Ignorance", in J. Gene Blocker and E. H. Smith(eds.), *John Ralws' Theory of Social Justice: An Introduction* (Athens: Ohio University Press, 1980), p. 54.

생활의 기본 조건들 즉 기본적인 권리와 자유에 대해서는 만장일치의 합의에 이를 것이다. 나이, 성별, 인종, 재능 등에 상관없이 모든 사람이 그러한 조건들에 합의할 것이다. 계약 당사자들이 자신의 천부적인 특성에 대하여 알고 있어도 그들은 사회적 지위나 직책, 재산 등과 같이 사회의 존재를 요구하는 특성을 알지 못한다. 그들은 자신이 속한 계층의 이익에 규칙이나 원리를 맞추는 경향이 있기 때문이 아니라, 가정(hypothesis)에 의해 사회적 지위나 직책, 재산과 같은 개념을 사용하는 것이 허용되지 않는 상황에 놓여 있기 때문에 그들은 그러한 특성들을 알지 못한다. 사회질서가 들어서 있는 경우에만 우리는 그러한 개념들을 사용할 수 있다. 사회계약은 사회에 들어가기 위해 맺는 합의이기 때문에 계약 당사자들은 자신의 사회적 지위나 재산 정도를 알 수 없다.

롤스적 사회계약의 당사자들은 정의의 원리를 자신들의 이익에 맞출 수 없도록 자신들에 관한 정보가 인위적으로 제한을 받는 반면에, 우리의 사회계약에서는 계약 당사자들이 그러한 제한을 받을 필요가 없다. 자신의 사회적 지위나 재산 수준 등을 알지 못하지만 그러한 무지 상태가 Rawls의 경우처럼 인위적으로 가해지는 것이 아니라, 사회계약의 가정 즉 계약이 사회의 안에서가 아니라 밖에서 맺어진다는 가정에 의해 당연시된다. "왜 사회에 사는 우리가 사회의 맥락 밖에서 맺는 계약에 따라야 하는가?"라는 물음을 제기할 수 있다. 이러한 물음은 특정 사회에 사는 실제 인간들이 가상적 상황에서 맺는 계약에 따라야 하는 이유를 요구한다는 점에서 롤스적 사회계약에 대하여 제기한 것과 똑같은 물음인 것처럼 보인다. 개별적 특성이 박탈된 롤스적 계약 당사자와 달리, 우리의 사회계약에서의 계약 당사자는 사회의 존재를 가정하는 특성을 제외하고 자신의 모든 특성을 유지한다. 따라서 개별적 특성이 있는 실제의 인간들이 동일한 추상적 인간이 맺는 결정을 따라야 할 이유가 없다는 비판을 롤스적 계약에 대해 제기하는 것은 자연스러운 것이지만, 그러한 비판을 우리의 사회계약에 제기하는 것은 적절하지 않다. 그러나 "가상적 상황 즉 자연의 상태에서 맺는 계약에 대하여 사회에 사는 실제의 인간들이 왜 관심을 가져야 하는가?"라는 질문은 여전히 제기할 수 있다. 그들은 자연의 상태에 놓여 있는 경우 사회계약을 맺는다. 그러나 그들은 자연의 상태에 있지 않다. 그렇다면 그들은 그러한 가상적 상황에서 맺는 계약에 왜 구속받아야 하는가?

Dworkin은 가상적 계약은 실제의 계약처럼 그것의 조건들을 집행하는 이유로서 간주되지 않는다고 주장한다.[126] 사람이 일단 계약을 맺으면 계약을 맺었다는 사실이, 그것이 그에게 불이익으로 작용하더라도 그 조건을 집행하는 것이 공정하다고 보는 강력한 이유이다. 그러나 가상적인 계약의 경우에는 이것이 타당하지 않다. 어떤 사람에게 사전에 물었더라면 어떤 조건에 동의했을 것이기 때문에, 나중에 다른 상황에서 그가

---

126) R. Dworkin, "The Original Position", in N. Daniels(ed.), *Reading Rawls*, 1974, p. 18.

동의하지 않을 때 그의 생각에 반해 그 조건을 집행하는 것은 공정하다고 주장할 수 없다는 것이다.

> 월요일에 내 그림의 가치를 알지 못했다고 가정해보자. 만약 당신이 나에게 100 달러를 제시했더라면 나는 수용했을 것이다. 화요일에 나는 그것이 가치가 있는 그림이라는 것을 알았다. 법원이 수요일에 그것을 당신에게 100달러에 팔도록 하는 것이 공정하다고 당신은 주장할 수 없다.[127]

이 사례는 임의로 설정된 가상적 상황에서 맺어질 수 있는 합의의 경우를 보여주는 것에 불과한 것으로 보인다. 그것은 가정법의 경우처럼 임의로 상상한 상황에서 어떤 사건이나 사태가 가능하다는 것을 단순히 표현하는 것이라고 말하는 편이 낫다. 사회계약은 권리나 의무가 어떻게 생성되는가의 문제에 대답하려고 할 때 그러한 임의적인 가상적 상황을 설정하지는 않는다.

사람이 어떤 권리나 의무를 어떻게 갖게 되는가를 탐구하려면 그가 그러한 권리나 의무가 없는 상황 즉 '최초의 상황'이라 불리는 상황을 설정하는 것이 필요하다. 권리나 의무가 만약 있다면 그것이 임의로 설정된 가상적 상황에서가 아니라 그것이 없는 최초의 상황에서 어떻게 생성되는가를 보기만 하면 된다. Dworkin의 경우에 최초의 상황은 그림의 거래와 관련하여 내가 의무가 없는 상태, 즉 내가 그것을 팔거나 팔지 않을 자

---

127) 상게서, p. 19.

유가 있는 상태가 될 것이다. 내가 최초의 상황에서 당신에게 100달러를 받고 나의 그림을 팔기로 동의할 것인가의 문제가 제기될 때, 그에 대한 대답은 내가 그 가격에 그것을 팔 것인가의 관심에 달려 있다. 그러한 상황에서 내가 그 가격에 그림을 팔겠다는 언질을 준 것이 아니라면 그 가격에 그것을 팔기로 되어 있다고 말하기는 어렵다. 그러나 생명, 신체, 재산의 안전이나 최저 생활의 확보 등과 같이 그것이 없이는 인간의 생활이 불가능한 기본적인 이익이나 필요 욕구를 포함하는 경우에는 사정이 다르다. 사람들이 생명, 신체, 재산, 최저 생활에 대한 권리와 같은 기본권이 있다면 그러한 권리들을 어떻게 갖게 되는가에 대한 대답은, 그러한 권리가 없는 최초의 상황, 다시 말해 각자의 생명, 신체, 재산 등등을 다룰 때의 자유의 상태 즉 '자연의 상태'를 가정하는 것이 필요하다. 그리고 그러한 최초의 상황 또는 자연의 상태에서 모든 합리적인 사람들은 그러한 기본권을 규정하는 규칙들에 합의하게 된다. 물론 그들은 사회 속에 살면서 실천적 추론을 하게 된다. 그러나 그러한 규칙들에 합의할 것인가를 숙고할 때 그들은 필연적으로 그러한 규칙이 없는 상황을 상상한다. 사람들이 생명, 신체, 재산의 안전과 최저 생활에 관한 권리 등을 규정하는 규칙에 합의할 것인가를 숙고할 때 그들은 서로가 마음대로 다른 사람을 죽이거나 다치게 하고, 재산을 훔치거나 굶주린 사람을 죽도록 방치하는 상황을 상상할 수밖에 없을 것이다. 그와 같은 최초의 상황 또는 자연의 상태에서 사람들은 기본적인 규칙에 합의를 할 것이다. 왜냐하면 그러한 합의는 그들이 우연히 갖게 되는 특수한 관심(그림을 얼마에 파는 것과 같은 관심)에 관련되는 것이 아니라, 그것이 없이는 인간의 삶이 불가능한 기본적인 이익이나 필요 욕구와 관련되어 있기 때문이다. 따라서 사람들이 사회의 기본적인 규칙들 즉 기본적인 권리나 의무들을 규정하는 규칙들에 합의할 때 그들은 임의로 상상해낸 상황에서가 아니라 그러한 권리나 의무가 없는 최초의 상황, 즉 사람들이 그러한 권리나 의무를 어떻게 갖게 되는가를 물을 때 필연적으로 전제되는 상황에서 그렇게 합의하는 것이다.

우리가 어떻게 기본적인 권리를 갖게 되는가를 물을 때 필연적으로 전제되는 자연의 상태에서 사회계약을 맺는다 할지라도, 그러한 계약이 실제로 맺은 것이 아니라면 우리가 그것의 조건들 즉 기본적 권리를 규정하는 규칙들을 지켜야 하는 이유로서 간주될 수 없다고 반론을 제시할 수도 있다. 우리가 기본적 규칙들을 지켜야 하는 것은 그 규칙에 우리가 합의하기 때문이 아니라, 어떤 다른 이유, 예컨대 그 규칙이 우리에게 최대의 이익이 되기 때문이라는 것이다.[128] 가상적인 계약은 단순히 규칙을 지켜야 한다는 그러한 독립적인 논증에 주목하도록 하기 위한 장치이며, 그것에 실질적인 어떤 내용을 보태주지 못한다는 것이다.[129]

기본적인 규칙에 대한 **보편적인** 준수가 우리 모두에 이익이

---

128) 상게서, p. 19.
129) 상게서, pp. 18-19.

된다는 것은 사실이다. 그리고 이것은 집단으로서 우리가 그 규칙들을 준수해야 하는 타당한 이유가 될 수 있다. 그러나 그 것이 우리가 **개별적인** 인간으로서 그 규칙들을 지켜야 하는 타 당한 이유는 되기 어렵다. 비록 규칙에 대한 보편적 준수가 우 리 **모두에게** 이익이 될지라도, 어떤 개인이 규칙을 준수하는 것은 그에게 이익이 안 될 수도 있다. 집단에 들어맞는 것이 집단 속의 각 개인에게 항상 들어맞는 것은 아니다.

개인이 규칙을 준수하는 것이 그의 이익에 도움이 되지 않을 지라도 그가 그 규칙을 준수해야 하는 어떤 이유가 있어야 할 것이다. 그가 그 규칙에 합의한다는 사실이 그가 규칙을 따르 는 이유로서 간주된다. 각 개인이 규칙에 합의할 때 그가 그 규칙을 따르는 것에 합의한다는 것을 우리는 당연하게 생각한 다. 그는 규칙이 좋다는 것을 단순히 믿는 것이 아니라 규칙을 준수하겠다는 약속을 하는 셈이다.

규칙에 대한 그의 동의는 일방적인 것이 아니라 상호적인 것 이다. 다른 사람의 똑같은 동의가 없이 홀로 규칙에 동의한다 는 것은 자신을 단지 파멸로 이끌 뿐이다. 그는 다른 사람도 똑같은 규칙에 동의한다는 조건하에 그것에 동의한다. 그렇기 때문에 규칙에 대한 동의는 상호적인 동의 즉 계약이다. 그것 은 각 개인이 자신의 이익을 증진하기 위해 다른 사람과 맺는 계약이다.

가상적 계약의 구속력에 대해 의문을 제기하는 사람은 사회 계약이 실제적인 계약처럼 그것에 의해 확립된 규칙에 대한 헌신을 끌어낼 수 있다는 것을 인정하지 않을 것이다. 그들은 어떤 언어로 맺어지지 않은 계약은 실제적인 계약이 아니고 따라서 계약이 아니라는 선입견을 품고 있다.[130] 사회계약은 물론 일상적인 의미의 계약 즉 사회적 관행으로서의 계약이 아니다. 그런데도 우리는 여전히 각 개인이 다른 사람과 맺는 상호 합의의 의미로서 그것을 '계약'이라고 부를 수 있다. 사람들은 그들의 특수한 이익이 일치할 때 어떤 말이나 몸짓을 사용하면서 실제 상황에서 실제적인 계약을 맺는다. 그러나 기본적인 이익이나 필요 욕구에 대한 상호 존중에 관한 한, 그들은 모든 사람이 그러한 조건에 합의할 것이기 때문에 실제적인 계약을 맺을 필요는 없다. 실제적인 계약이 없다 하더라도 여기에 어떠한 합의도 없다고 말해서는 안 된다.

친근한 경우를 생각해보자. 어떤 사람이 식당에서 식사를 주문했다고 가정해보자. 이것은 만약 식당이 그가 주문한 음식을 제공하면 그것에 대해 지불을 할 것이라는 약속을 함축하기 때문에 상호 합의 즉 일종의 계약이다. 그리하여 일단 그가 식사를 주문했으면 그는 식당으로부터 서비스를 받을 권리가 있고, 식당은 주문자에게 잠시 서비스를 기다릴 것을 요구할 권리가 있다. 그리고 만약 서비스가 주어지면 그는 그것에 대해 지불해야 할 의무가 있고 식당은 서비스에 대해 지불 받을 권리가 있다. 그러나 손님이 거의 한 시간 동안 서비스를 받지 않고 기다리다 지친 나머지 서비스의 지연에 대해 불평을 하는 경우

---

130) 상게서, pp. 18.

는 어떨까? 그는 기다리는 시간의 한도에 대하여 합의를 하지 않았어도 불평할 수 있다. 식당에서 서비스에 대해 기다리는 합당한 시간, 예컨대 음식의 유형에 따라 10분 혹은 20분 정도의 시간이 있는 것처럼 보인다. 사람들은 서로 이해되는 것으로 인식하는 것에 대해서는 실제적인 합의를 하지 않는다. 그들은 합의를 할 필요가 없기 때문에 하지 않는다. 만약 사람들이 어떤 것에 대해 확신하지 않으면, 그들은 미리 그것에 대해 결정해야 할지 모른다. 예를 들면 손님이 메뉴를 선택해야 하는 것이라면 그는 그가 택하는 식단에 대해 결정해야 할 것이다. 메뉴와 음식값은 손님의 선택에 달려 있다. 그것은 음식 서비스를 받기 위한 계약의 분명한 조건들이다. 서비스를 위해 기다리는 시간도 계약조건 중의 하나이지만 그것은 양 당사자 간에 거의 확정적인 것으로 인식되기 때문에 그들은 그것을 분명히 해 둘 필요는 없다. 만약 정상적인 식사 조건이라면 그들은 기다리는 시간의 일정 한도를 합당한 것으로 합의할 것이다. 만약 당사자들이 기다리는 시간을 결정해야 한다면 그들은 기다리는 시간의 일정 한도에 합의할 것이라는 의미에서 기다리는 시간에 대한 합의는 가상적이다. 그런데도 그러한 합의는 특정 식단과 가격에 대한 실제적이고 분명한 합의처럼 구속력이 있는 것이다.

이와 유사하게, 자연의 상태에서 사람들이 사회에 들어가기로 맺는 합의 즉 기본적인 사회적 규칙과 그것을 집행하기 위한 정부의 구성에 대한 합의가 가상적일지라도, 그것은 어떤 목적을 실현하는 데 관심 있는 사람들의 집단이 하나의 클럽과 그것을 규제하기 위한 규칙을 만들기 위해 맺는 실제적인 합의 못지않게 구속력이 있다고 할 수 있다. 후자의 경우에는 사람들이 모두 다 그 목적에 관심 있는 것이 아니기 때문에 사람들은 분명한 합의를 해야 할 것이다. 그것에 관심 있는 사람만이 모여서 클럽과 그 규정을 만드는 데 합의할 것이다. 그러나 전자의 경우에는 합리적인 사람들은 모두가 합의할 것이기 때문에 사람들이 모여서 사회와 그 기본 규칙을 형성하기 위한 분명한 합의를 할 필요는 없다. 사회계약의 내용은 너무 자연스럽고 모든 합리적인 사람들이 어떠한 인생 계획을 하고 있건 확보되고 유지되어야 할 것이라는 것을 인식하기 때문에 그것들에 대한 분명한 합의를 할 필요가 없는 것이다. 만약 그렇게 해야 한다고 느낀다면 그렇게 하겠지만, 그럴 필요를 느끼지 않는다. 그들은 사회계약을 맺는 입장에 있다면 그들은 모두 그 계약의 내용에 합의할 것이다. 사회계약은 가상적이긴 하지만, 실제적인 합의와 마찬가지로 구속력이 있는 합의이다.

제4장

# 결론

호펠드 권리 유형의 구별에 따라 계약론적 근거에서 권리의 근거를 확립하려고 시도하였다. 우리의 목표는 사람들이 애당초 어떻게 권리를 갖게 되는가 라는 물음에 대답하는 것이었다. 이러한 물음은 필연적으로 사람들이 서로에게 주장할 수 있는 권리가 없는 상태, 다시 말해 자신들이 하고 싶은 대로 무엇이든 할 수 있는 자유가 있는 상태 즉 '자연의 상태'를 가정하게 된다.

자연의 상태에서 자유롭고 합리적인 사람들은 자신의 생명을 보존하기 위해서뿐만 아니라, 자신의 이익이나 필요 욕구가 무엇이건 그것을 실현하기 위해 사회에 들어가기로 합의한다. 각자가 지닌 개별적인 이익이나 필요 욕구가 무엇이건 간에 모든 인간은 어떤 기본적인 이익이나 필요 욕구를 공유하는데, 그것은 생명, 신체, 재산 등의 안전과 같이 사회 속에서 인간이 살아가는 데 필요한 최소한의 기본적인 조건을 구성한다. 따라서 사람들이 사회에 들어가기로 합의한다는 것은 그들이 각자의 기본적인 이익이나 필요 욕구를 서로 존중하기로 합의한다는 것을 함축한다. 그들은 인간의 기본적인 이익이나 필요 욕구에 대한 상호 존중에 관련된 기본적인 규칙들에 합의하는데, 그러한 합의의 내용은 사회 속에서 살아가는 한 어떤 종류의 행동을 규제하게 된다. 그들은 합의를 통해 그러한 규칙들을 설정할 때 동시에 자연의 상태에서 갖게 될 자유, 즉 서로를 죽이거나 폭행하거나 훔치거나 할 수 있는 자유를 제한한다. 그들은 자발적으로 그러한 자유를 포기함으로써 권리나 의무를 생성하게 되는 것이다. 그리하여 그러한 규칙들에 의해 규제되는 사회가 들어섬으로써 모든 사람은 그 구성원으로서 생명권, 신체안전권, 재산권 등의 권리와 그에 상응하는 의무를 갖게 된다. 그러한 권리나 의무는 사회계약의 당사자들의 상호 합의를 통해 존재하게 된다.

어떤 사람이 "내가 원하는 대로 행동할 수 있는 자유가 있다."라고 말할 때, 사람들은 진지하게 그 이유를 묻지 않는다. 오히려 어떤 사람이 권리가 있다면 그가 왜 권리가 있는가를 물어야 하는데, 이것은 다른 사람의 자유를 제한하는 것(즉 이 사람에게 의무를 부과하는 것)과 관련되어 있다. 내가 원하는 대로 행동할 수 있는 자유가 있다고 주장할 때 나는 그러한 자유가 있다고 정당화해야 하는 것이 아니다. 오히려 내가 그러한 자유가 없다고 주장하는 사람이 그것을 정당화할 것을 요구받는다.

자유 자체는 정당화를 요구하지는 않지만, 어떤 특수한 자유, 예컨대 언론, 결사 등의 기본적 자유는 요구권으로서 보호되며, 그에 따른 정당화를 요구받는다. 우리는 우리가 하고자 하는 대로 행동할 수 있는 자유의 사례로서 그러한 특수한 자유를 갖게 되는 것이다. 그러나 그러한 자유들이 요구권으로서 확립될 때, 그것들은 예컨대 언론의 자유와 결사의 자유에 대한 권리, 즉 언론과 결사의 자유를 방해받지 않을 권리가 되는 것이다. 요구권으로서 그러한 자유는 다른 요구권과 마찬가지로 정당화를 요구한다. 사람들이 그러한 권리들을 요구권으로 누릴 수 있는 이유는, 기본적 자유들의 행사가 다른 사람의 권리를 침해하지 않는 한 그것들을 제한하지 않기로 합의할 것이기 때문이다. 이처럼 기본적 자유는 단순히 자유권으로서 존재하지만, 사회계약의 상태에서 요구권으로서 확립되는 것이다. 기본적 자유는 대부분의 경우에 정부에 대해 요구할 수 있는 권리이기 때문에 정부는 타인의 기본권을 침해하지 않는 한 그러한 자유를 제한하거나 방해해서는 안 되는 상응하는 의무를 갖는다.

사회계약의 당사자들은 정부에 권한을 부여하는 입장에 있기 때문에 그들은 정부가 행사할 수 있는 권한에 어떤 제한을 가할 수 있다. 그들은 정부에 대한 권리로서 요구할 가능성이 가장 높은 기본적 자유를 제한할 수 있는 권한을 정치적인 권력에 허용하지 않는다. 이에 따라 정부는 그러한 자유를 제한할 권한이 없으며, 따라서 이러한 자유는 호펠드적 면제권이 되는 것이다. 마찬가지로 생명권, 재산권 같은 기본적인 권리도 면제권이 된다. 사회계약의 당사자들은 기본적 권리를 보호하기 위한 장치로서 정부를 유지하기로 합의하기 때문에 정부에게 그러한 권리를 박탈할 수 있는 권한을 허용할 이유가 없다. 따라서 기본적인 권리들은 그러한 권리를 소멸시킬 수 있는 정부의 입법적 권한으로부터 면제되며 그것에 영향을 받지 않는다.

비계약론적 이론가들은 기본적인 권리와 자유가 정부의 입법적 권한으로부터 면제된다는 명제를 수용하기 쉽지 않다. 예컨대 공리주의를 따르는 경우, 정부는 사회적 효용성이 크다면 어떠한 권리나 자유도 소멸시키거나 제한할 수 있다. 그러나 '헌법적 면제권'으로서 보호되어야 할 자유와 권리가 있다는 것은 일반적으로 인정되고 있다. 계약이론은 그러한 헌법적 면제권을 직접 설명해줄 수 있다.

현대 이론가들이 제기한 자유와 권리에 관련된 논쟁적 이슈들 중 두 가지를 다룬 다음 그것들을 우리가 살펴본 권리 체계 하에서 해결하려고 하였다. 우리가 고려한 첫 번째 이슈는 기본적 자유는 모두에게 똑같다는 자유주의 사상가들의 공통된 전제와 관련된다. 어떤 사람들은 동등한 자유, 특히 언론의 자유와 같은 기본적 자유의 평등은 경제적 혹은 사회적 불평등과 양립할 수 없다고 주장한다. 문제의 원인은 자유 개념의 부적절한 해석에 있다. 그 문제들을 호펠드적 자유의 해석에 의존해서 해결할 수 있다고 보았다. 호펠드적 자유의 해석을 따르면, "나는 X를 할 자유가 있다."라는 진술은 "나는 X를 하지 말아야 할 의무는 없다."라는 진술과 같고, "나는 X를 하지 않을 자유가 있다."라는 진술은 "나는 X를 해야 할 의무는 없다."라는 진술과 같다. 이처럼 자유를 분석하면, 한 사람의 언론의 자유는 다른 사람의 그것과 같다. 왜냐하면 사람이 언론의 자유를 갖느냐의 문제는 사회적 압력이나 빈곤과 같은 제약 요인에 의해 영향을 받는 문제가 아니라, (어떠한 말을 하지 말아야할) 의무가 있거나 혹은 없거나의 문제이기 때문이다. 전자의 경우는 사회적 혹은 경제적 요인에 어느 정도 영향을 받지만 후자는 그렇지 않다. 한 사람이 사회적 압력이나 빈곤의 제약을 다른 사람보다 더 받을 수 있지만 그들은 둘 다 어떠한 말을 하지 말아야 할 의무가 없다는 의미에서 똑같은 언론의 자유를 누릴 수 있다.

다음에 논의한 문제는 사람이 최저생활권 혹은 복지권을 갖느냐의 문제이다. 로크적 전통의 자유 지상주의자들은 그러한 자유를 인정하려고 하지 않는다. 그들은 그러한 권리를 모두에게 실현시키는 것은 필연적으로 정부에 의한 재분배가 따르게 되고, 이것은 재산권에 대한 (주로 과세에 의한) 부당한 침해가 되기 때문에 복지권은 진정한 권리가 아니라고 주장한다. 그러나 복지권은 재산권과 마찬가지로 사회계약의 단계에서 생성되기 때문에 재산권과 동등한 중요성을 지닌다. 사람들이 복지권의 실현을 위해 떼어놓은 부분을 제외하고 자신의 정직한 노동의 산물에 대한 재산권을 갖는다. 즉 복지권의 실현을 위해 떼어놓은 부분에 대해서는 재산권이 없다는 의미에서 두 권리는 서로 양립할 수 있다.

마지막으로 사회계약의 구속력과 관련하여 롤스적 사회계약에 제기되는 비판은 우리의 사회계약에 적용되기 어렵다는 것을 주장하였다. 롤스적 사회계약에서 구속력의 결여는 원초적 입장의 계약 당사자들에 씌워진 무지의 베일이라는 가정에 기인한다. 그러나 우리의 사회계약은 그러한 인위적인 무지의 제약을 가정하지 않는다. 사회계약의 당사자들은 자신에 대해 알면서도 인간의 삶을 위한 최소한의 기본 조건을 구성하는 기본적인 권리에 합의할 것이다. 이러한 종류의 합의는 가상적이며, 그러한 합의가 구속력이 있는가는 여전히 논쟁이 있을 수 있다. 그러나 필연적으로 전제되는 가상적 상황에서 맺는 합의는 실제적인 합의와 마찬가지로 구속력이 있다.

# 참고문헌

Adams, E. M. "The Ground of Human Rights", *American Philosophical Quarterly,* 19: 191-196, 1982.

Atiyah, P. S. *Promises, Morals, and Law,* New York: Oxford University Press, 1981.

Banman, Berram, "Rights and Claims", *Journal of Value Inquiry,* 7: 204-213, 1973.

Banman, Berram, "Are There Human Rights?" *The Journal of Value Inquiry,* 12: 215-224, 1978.

Baumrin, Bernard H. ed., *Hobbes's Leviathan: Interpretation and Criticism,* Belmont, California: Wadsworth Publishing Company, Inc., 1967.

Barry, Brian, *The Liberal Theory of Justice: A Critical Examination of the Principal Doctrines in a Theory of Justice by John Rawls,* London: Oxford University Press, 1973.

Beauchamp, Tom L., "Distributive Justice and the Difference Principle", in *John Rawls' Theory of Social Justice: An Introduction,* edited by H. Gene Blocker and Elizabeth H. Smith, Athens: Ohio University Press, 1980.

Beauchamp, Tom L., *Philosophical Ethics: An Introduction to Moral Philosophy,* New York: McGraw-Hill Book Company, 1982.

Benditt, Theodore M., *Rights,* Totowa, New Jersey: Rowman and Littlefield, 1982.

Benn, S. I. and Peters, R. S. *Social Principles and the Democratic State,* London: George Allen & Unwin, Lt., 1959.

Bentham, Jeremy, "Anarchical Fallacies", in *Human Rights,* edited by A. I. Melden, Belmont, California: Wadsworth Publishing Company, Inc., 1970.

Berger, Fred R., *Freedom of Expression,* Belmont, California: Wadsworth Publishing Company, 1980.

Bernstein, Richard F., "Legal Utilitarianism", *Ethics,* 89: 127-146, 1979.

Blackstone, W. T., "The Concept of Political Freedom", *Social Theory and Practice,* 2:421-437, 1973.

Bowie, Norman, "Equal Basic Liberty for All", in *John Rawls' Theory of Social Justice: An Introduction,* edited by H. Gene Blocker and E. H. Smith, Athens: Ohio University Press, 1980.

Bowie, Norman and Simon, Robert L., *The Individual and the Political Order: An Introduction to Social and Political Philosophy,* Englewood Cliffs, New Jersey: Prentice-Hall, 1977.

Bowring J. ed., *The Works of Jeremy Bentham,* Vol. III, New York: Russell & Russell Inc., 1962.

Bradley, F. H., *Ethical Studies,* 2nd ed., Oxford: The Clarendon Press, 1927.

Brady, James B., "Law, Language and Logic: The Legal Philosophy of Wesley Newcomb Hohfeld." *Transactions of the Charles S. Pierce Society,* 8: 246-263, 1972.

Brandt, Richard B., *Ethical Theory: The Problems of Normative and Critical Ethics,* Englewood Cliffs, New Jersey: Prentice-Hall, 1959.

Brandt, Richard B. ed., *Social Justice,* Englewood Cliffs, New Jersey: Prentice-Hall, 1962.

Brandt, Richard B., "A Utilitarian Theory of Excuses", *Philosophical Review,* 78: 337-361, 1969.

Brandt, Richard B., *A Theory of the Good and the Right,* New York: Oxford University Press, 1979.

Brandt, Richard B., "Utility and the Obligation to Obey the Law", in *Law and Philosophy: A Symposium,* edited by Sidney Hook, New York: New York University Press, 1964.

Braybrooke, David, *Three Tests for Democracy/Personal Rights, Human*

*Welfare, Collective Preference*, New York: Random House, 1966.

Braybrooke David, "The Firm but Untidy Correlativity of Rights and Obligations", *Canadian Journal of Philosophy*, 1: 351-363, 1972.

Brown, D. G. "Mill on Liberty and Morality", *Philosophical Review*, 81: 133-158, 1972.

Brown, S., "Inalienable Rights", *The Philosophical Review*, 64: 192-211, 1955.

Buchanan, Allen, "A Critical Introduction to Rawls' Theory of Justice", in *John Rawls' Theory of Social Justice: An Introduction,* edited by H. Gene Blocker and E. H. Smith, Athens: Ohio University Press, 1980.

Campbell, T. D., "Rights without Justice", *Mind,* 83: 445-448, 1974.

Chattapadhyaya, D. P., "Human Rights, Justice, and Social Context", in *The Philosophy of Human Rights: International Perspectives*, edited by Alan S. Rosenbaum, Westport, Connecticut: Greenwood Press, 1980.

Cranston, Maurice, "Human Rights, Real and Supposed", in *Political Theory and the Rights of Man*, edited by D. D. Raphael, Indiana University Press, 1967.

Cullison, Alan D., "A Review of Hohfeld's Fundamental Legal Concepts." *Cleveland Marshall Law Review*, 16: 559-573, 1967.

Dais, Eugene E., "From 'Natural Rights' to 'Human Rights' - Some Reflections on the Enforcement Problem", in *Human Rights*: edited by Ervin H. Pollack, Buffalo, New York: Stewart Publications, Inc., 1971.

Dallmayr, Fred R. ed., *From Contract to Community: Political Theory at the Crossroads*, New York: Marcel Dekker, Inc., 1978.

Danielson, Peter, "Taking Anarchism Seriously", *Philosophy of the Social Sciences*, 8: 137-171, 1978.

Daniels, Norman, "Equal Liberty and Unequal Worth of Liberty", in *Reading Rawls: Critical Studies on Rawls' A Theory of Justice,* edited by N. Daniels, New York: Basic Books, 1974.

Darwall, Stephen L., "Is There a Kantian Foundation of Rawlsian Justice?" in *John Rawls' Theory of Social Justice: An Introduction,* edited by H. Gene Blocker and Elizabeth H. Smith, Athens: Ohio University Press, 1980.

De George, Richard T., "On the Justification of Human Rights", in *Human Rights,* edited by Ervin H. Pollack, Buffalo, New York: Stewart Publications, Inc., 1971.

Dennehy, R., "The Ontological Basis of Human Rights", *Thomist,* 42: 434-463, 1978.

Doyle, James F., "Personal Claims, Human Rights, and Social Justice", *Human Rights,* edited by Ervin H. Pollack, Buffalo, New York: Stewart Publications, Inc., 1971.

Dworkin, Ronald, "The Original Position", in *Reading Rawls,* edited by N. Daniels, New York: Basic Books, 1974.

Dworkin, Ronald, *Taking Rights Seriously,* Cambridge, Massachusetts: Harvard University Press, 1982.

Dybikowski, James, "Civil Liberty", *American Philosophical Quarterly,* 18: 339-346, 1981.

Edel, Abraham, "Some Reflections on the Concept of Human Rights", in *Human Rights,* edited by Ervin H. Pollack, Buffalo, New York: Stewart Publications, Inc., 1971.

Ezorsky, G., "On Refined Utilitarianism", *The Journal of Philosophy,* 78: 156-159, 1981.

Feinberg, J., "Wasserstrom on Human Rights", *The Journal of Philosophy,* 61: 641-645, 1964.

Feinberg, Joel, *Social Philosophy,* Englewood Cliffs, New Jersey: Prentice-Hall, 1973.

Feinberg, Joel, "The Nature and Value of Rights", in *Rights,* edited by David Lyons, Belmont, California: Wadsworth Publishing Company, 1979.

Feinberg, Joel, *Rights, Justice and the Bounds of Liberty,* Princeton, N. J.: Princeton University Press, 1980.

Feinberg, Joel, and Hyman Gross, eds., *Philosophy of Law,* Belmont, California: Wadsworth Publishing Company, 1980.

Finnis, John, *Natural Law and Natural Rights,* New York: Oxford University Press, 1982.

Fisk, Milton, "History and Reason in Rawls' Moral Theory", in *Reading Rawls,* edited by N. Daniels, New York: Basic Books, 1975.

Fletcher, George P., "The Rights to Life", *Georgia Law Review,* 13: 1371-1394, 1979.

Foldvary, Fred E., *The Soul of Liberty,* San Francisco: The Gutenberg Press, 1980.

Frankena, W., *Ethics,* Englewood Cliffs, New Jersey: Prentice-Hall, 1973.

Frankena, W., "Natural and Inalienable Rights", *The Philosophical Review,* 64: 212-232, 1955.

Frankena, W., *Thinking about Morality,* Ann Arbor: The University of Michigan Press, 1980.

Frankel, Charles, "Justice, Utilitarianism, and Rights", *Social Theory and Practice,* 3: 27-46, 1974.

Frey, R. G., "Rights, Interests, Desires and Beliefs", *American Philosophical Quarterly,* 16: 233-239, 1979.

Gaus, Gerald F., "The Convergence of Rights and Utility: The Case of Rawls and Mill", *Ethics,* 92: 57-72, 1981.

Gauthier, David P., *The Logic of Leviathan: The Moral and Political Theory of Thomas Hobbes,* London: Oxford University Press, 1969.

Gerber, David, "Rights", ARSP, 62: 329-346, 1976.

Gewirth, Alan, "Are There Any Absolute Rights?" *The Philosophical Quarterly,* 31: 1-16, 1981.

Gewirth, Alan, "Why Agents Must Claim Rights: A Reply", *The Journal of Philosophy,* 77: 403-410, 1982.

Gewirth, Alan, "The Basis and Content of Human Rights", in *Human Rights*: NOMOS XXIII, edited by J. R. Pennock and J. W. Chapman, New York: New York University Press, 1981.

Goldman, Alan H., "Responses to Rawls from the Political Right", in *John Rawls' Theory of Social Justice: An Introduction*, edited by H. Gene Blocker and E. H. Smith, Athens: Ohio University Press, 1980.

Goldman, Holly Smith, "Rawls and Utilitarianism", in *John Rawls' Theory of Social Justice: An Introduction*, edited by J. Gene Blocker and E. H. Smith, Athens: Ohio University Press, 1980.

Gray, John, "John Stuart Mill on Liberty, Utility, and Rights", in *Human Rights*: NOMOS XXIII, edited by J. R. Pennock and J. W. Chapman, New York: New York University Press, 1981.

Grice, Geoffrey Russell, *The Grounds of Moral Judgment*, London: The Cambridge University Press, 1967.

Grunebaum, James O., "Property Rules and Property Rights", *Pacific Philosophical Quarterly*, 61: 422-432, 1980.

Hare, R. M., "The Promising Game", *Revue Internationale de Philosophie*, 18: 398-412, 1964.

Hare, R. M., "Ethical Theory and Utilitarianism", in *Contemporary British Philosophy*, Volume 4, edited by H. D. Lewis, London: Allen & Unwin, 1976.

Hare, R. M., "Justice and Equality", in *Justice and Economic Distribution*, edited by John Arthur, Englewood Cliffs, New Jersey: Prentice-Hall, 1978.

Hare, R. M., "What is Wrong with Slavery?" *Philosophy & Public Affairs*, 8: 103-121, 1979.

Hare, R. M., *Moral Thinking: Its Levels, Method, and Point*, New York: Oxford University Press, 1981.

Harsanyi, John C., "Rule Utilitarianism, Rights, Obligations and the Theory of Rational Behavior", *Theory and Decision*, 12: 115-133,

1980.

Hart, H. L. A. "Rawls on Liberty and Its Priority", in *Reading Rawls,* edited by N. Daniels, New York: Basic Books, 1975.

Hart, H. L. A., "Bentham on Legal Rights", in *Rights,* edited by David Lyons, Belmont, California: Wadsworth, 1979.

Hart, H. L. A., "Are There Any Natural Rights?" in *Rights,* by David Lyons, Belmont, California: Wadsworth, 1979.

Hart, H. L. A., *The Concept of Law,* Oxford University Press, 1981.

Hart, H. L. A., "Between Utility and Rights", *Columbia Law Review, 79*: 828-846, 1979.

Hartshorne, Charles, "The Rights of the Subhuman World", *Environmental Ethics,* 1: 49-60, 1979.

Haworth, Lawrence, "Dworkin, Rights, and Persons", *Canadian Journal of Philosophy*, 9: 413-423, 1979.

Herbert, Gary B., "Human Rights and Historicist Ontology", *Philosophical Forum*, 9: 26-41, 1977.

Hiskes, Richard P., *Community without Coercion: Getting Along in the Minimal State*, Newark: University of Delaware Press, 1982.

Hobbes, Thomas, *Leviathan,* Cleveland and New York: Meridian Books, 1978.

Hohfeld, Wesley Newcomb, *Fundamental Legal Conceptions: As Applied in Judical Reasoning.* Westport, Connecticut: Greenwood Press, 1978.

Hospers, John, *Human Conduct: Problems of Ethics,* New York: Harcourt Brace Jovanovich, 1982.

Hudson, S. D. and Husak, Douglas H., "Legal Rights: How Useful is Hohfeldian Analysis?" *Philosophical Studies*, 37: 45-53, 1980.

Husak, Douglas N., "On the Rights of Non-Persons", *Canadian Journal of Philosophy*, 10: 607-622, 1980.

Jenkins, Iredell, "From Natural to Legal Human Rights", in *Human Rights*, edited by Ervin H. Pollack, Buffalo, New York: Stewart

Publications, 1971.

Jones, Gary E., "Rights and Desires", *Ethics*, 92: 52-56, 1981.

Kamba, W., "Legal Theory and Hohfeld's Analysis of a Legal Right", *Juridical Review*, 19: 249-262, 1974.

Katzner, Louis I., "The Original Position and the Veil of Ignorance", in *John Rawls' Theory of Social Justice: An Introduction,* edited by H. Gene Blocker and E. H. Smith, Athens: Ohio University Press, 1980.

Kearns, Thomas R. "Rights, Benefits and Normative Systems", ARSP, 61: 465-483, 1975.

Kendall, Willmore, *John Locke and the Doctrine of Majority-Rule,* Urbana: University of Illinois Press, 1965.

Konvitz, Milton R., "Civil Disobedience and the Duty of Fair Play", in *Law and Philosophy: A Symposium,* edited by Sidney Hook, New York: New York University Press, 1964.

Kordig, Carl R. "A Theory of Rights", *Pacific Philosophical Quarterly,* 62: 170-183, 1981.

Kuflick, Arthur, "Morality and Compromise", in *Compromise in Ethics, Law, and Politics*: NOMOS XXI, edited by J. R. Pennock and J. W. Chapman, New York: New York University Press, 1979.

Ladenson, Robert F., "Two Kinds of Rights", *The Journal of Value Inquiry,* 13: 161-173, 1979.

Laslett, P. and Fishkin, F., eds., *Philosophy, Politics and Society,* Oxford: Basil Blackwell, 1979.

Lemos, Ramon M., "Two Concepts of Natural Right", *Southern Journal of Philosophy,* 12: 55-64, 1974.

Lemos, Ramon M., *Hobbes and Locke: Power and Consent,* Athens: The University of Georgia Press, 1978.

Levine, Andrew, "Human Rights and Freedom", in *The Philosophy of Human Rights: International Perspectives,* edited by Alan S. Rosenbaum, Westport, Connecticut: Greenwood Press, 1980.

Levinson, Jerrod, "Gewirth on Absolute Rights", *The Philosophical Quarterly*, 32: 73-75, 1982.

Levy, Beryl Harold, "Making Human Rights More Definite and Effective", in *Human Rights*, edited by Ervin H. Pollack, Buffalo, New York: Jay Stewart Publications, 1971.

Leyden, W. Von, *Hobbes and Locke: The Politics of Freedom and Obligation*, New York: St. Martin's Press, 1982.

Locke, John, *The Second Treatise of Government*, edited by Thomas P. Peardon, New York: The Liberal Arts Press, 1954.

Locke, John, *Two Tracts on Government*, edited by Philip Abrams, London: The Cambridge University Press, 1967.

Lomasky, Loren E., "Gewirth's Generation of Rights", *The Philosophical Quarterly*, 31: 248-253, 1981.

Lucas, J. R., *On Justice*, Oxford: Oxford University Press, 1980.

Lyons, David, "The Correlativity of Rights and Duties", NOUS, 4: 45-55, 1970.

Lyons, David, "Rawls versus Utilitarianism", *The Journal of Philosophy*, 69: 535-545, 1972.

Lyons, David, "Nature and Soundness of the Contract and Coherence Argument", in *Reading Rawls*, edited by N. Daniels, New York: Basic Books, 1975.

Lyons, David, "Mill's Theory of Morality", NOUS, 10: 101-120, 1976.

Lyons, David, "Mill's Theory of Justice", in *Values and Morals*, edited by Alvin I. Goldman and Jaegwon Kim, Dordrecht, Holland: D. Reidel Publishing Company, 1978.

Lyons David, "Human Rights and the General Welfare", in *Rights*, edited by David Lyons, Belmont, California: Wadsworth, 1979.

Lyons David, "Rights, Claimants, and Beneficiaries", in *Rights*, edited by David Lyons, Belmont, California: Wadsworth, 1979.

Lyons, David, "Utility as a Possible Ground of Rights", NOUS, 14: 17-28, 1980.

MacCormick, D. N., "Rights in Legislation", in *Law, Morality, and Society: Essays in Honour of H. L. A. Hart,* edited by P. M. S. Hacker and Raz, J., Oxford: Oxford University Press, 1977.

MacCormick, D. N. "Dworkin As Pre-Benthamite", *The Philosophical Review,* 87: 585-607, 1978.

MacCormick, Neil, "Children's Rights: A Test-Case for Theories of Rights", ARSP, 62: 305-316, 1976.

MacCormick, Neil. *Legal Reasoning and Legal Theory,* Oxford: Oxford University Press, 1978.

MacCormick, Neil, *Legal Right and Social Democracy: Essays in Legal and Political Philosophy,* New York: Oxford University Press, 1982.

MacDonald, Margaret, "Natural Rights", in *Human Rights,* edited by A. I. Melden, Belmont, California: Wadsworth, 1970.

Machan, Tibor, "Are There Any Human Rights?" *Personalist,* 59: 165-170, 1978.

Machan, Tibor R., "Some Recent Work in Human Rights Theory", *American Philosophical Quarterly,* 17:: 103-115, 1980.

Machan, Tibor R., "A Reconsideration of Natural Rights Theory", *American Philosophical Quarterly,* 19: 61-71, 1982.

Mack, Eric, "Hart on Natural and Contractual Rights", *Philosophical Studies,* 29: 283-285, 1976.

Mack, Eric, "Rights, Liberties, and Expectations: A Reply to Sterba and Markie", *Ethics,* 89: 301-305.

Macpherson, C. B., *The Political Theory of Possessive Individualism: Hobbes to Locke,* London: Oxford University Press, 1962.

Macpherson, C. B., "Natural Rights in Hobbes and Locke", in *Political Theory and the Rights of Man,* edited by D. D. Raphael, Indiana University Press, 1969.

Markie, Peter J., "Moral Rights and Moral Obligations", *Southwestern Journal of Philosophy,* 11: 133-142, 1980.

Martin, Rex, "Human Rights and Civil Rights", *Philosophical Studies,* 37:

391-403, 1980.

Martin, Rex, "The Development of Feinberg's Conception of Rights", *The Journal of Value Inquiry,* 16: 29-45, 1982.

Martin, Rex and Nickel, James W., "Recent Work on the Concept of Rights", *American Philosophical Quarterly,* 17: 165-180, 1980.

McCloskey, H. J., "Rights", *The Philosophical Quarterly,* 15: 115-127, 1965.

McCloskey, H. J., "Human Needs, Rights and Political Values", *American Philosophical Quarterly,* 13: 1-11, 1976.

McCloskey, H. J., "Rights - Some Conceptual Issues", *Australasian Journal of Philosophy,* 54: 99-115, 1976.

McCloskey, H. J., "Moral Rights and Animals", *Inquiry,* 22: 23-54, 1979.

McCloskey, H. J., "Privacy and the Rights to Privacy", *Philosophy,* 55: 17-38, 1980.

McDonald, Michael, "Can Serious Rights be Taken Seriously?" *Canadian Journal of Philosophy,* 9: 23-41, 1979.

Mckee, Patrick L., "The Existence of Natural Rights", *Philosophical Forum,* 8: 44-57, 1976.

McNeilly, F. S., *The Anatomy of Leviathan,* London: Macmillan, 1968.

Melden, A. I., *Rights and Persons,* Berkeley: University of California Press, 1977.

Melden, A. I., "Introduction in *Human Rights*", edited by A. I. Melden, California: Wadsworth, 1970.

Mill, John Stuart, *Utilitarianism, On Liberty and Considerations on Representative Government,* edited by H. B. Action, London: J. M. Dent & Sons, 1983.

Miller, David, "Justice and Property", *Ratio,* 22: 1-14, 1980.

Miller, Richard W., "Rights and Reality", *Philosophical Review,* 90: 383-407, 1981.

Montague, P., "Two Concepts of Rights", *Philosophy & Public Affairs,* 9:

372-384, 1980.

Morris, Herbert, "The Status of Rights", *Ethics*, 92: 40-56, 1981.

Morris, Arval A., "A Differential Theory of Human Rights", in *Human Rights*: NOMOS XXIII, edited by J. R. Pennock and J. W. Chapman, New York: New York University Press, 1981.

Mullock, P., "The Hohfeldian No-Right: A Legal Analysis", *Archiv Fur Rechts-und-Philosophie*, 56: 265-270, 1970.

Murphy, Jeffrie G., "Rights and Borderline Cases", *Arizona Law Review*, 19: 228-241, 1977.

Nagel, T., "Rawls on Justice", in *Reading Rawls*, edited by N. Daniels, New York: Basic Books, 1975.

Nardin, Terry, *Law, Morality, and Relations of State,* Princeton, New Jersey: Princeton University Press, 1983.

Nash, Ronald H., *Freedom, Justice and the State*, Washington, D. C.: University Press of America, 1980.

Narveson, Jan, "Human Rights: Which, If Any, Are There?" in *Human Rights*: NOMOS XXIII, edited by J. R. Pennock and J. W. Chapman, New York: New York University Press, 1981.

Nelson, William N., "Special Rights, General Rights, and Social Justice", *Philosophy & Public Affairs*, 3: 410-430, 1974.

Nickel, James W., "Dworkin on the Nature and Consequences of Rights", *Georgia Law Review*, 11: 1115-1142, 1977.

Nickel, James W., "Are Human Rights Utopian?" *Philosophy & Public Affairs*, 11: 246-264, 1982.

Nielsen, Kai, "Scepticism and Human Rights", *The Monist*, 53: 573-594, 1968.

Nozick, Robert, *Anarchy, State. and Utopia*, New York: Basic Books, 1974.

Obler, Jeffrey, "Fear, Prohibition, and Liberty", *Political Theory*, 9: 65-80, 1981.

Parry, Geraint, *John Locke*, London: George Allen & Unwin, 1978.

Paul, Ellen Frankel, "On the Theory of the Social Contract within the Natural Rights Traditions", *The Personalist*, 59: 9-21, 1978.

Peffer, Rodney, "A Defense of Rights to Well-being", *Philosophy & Public Affairs*, 8: 65-87, 1978.

Pennock, J. Roland, "Rights, Natural Rights, and Human Rights - A General View", in *Human Rights:* NOMOS XXIII, edited by J. R. Pennock and J. W. Chapman, New York: New York University Press, 1981.

Perry, Thomas D., "A Paradigm of Philosophy: Hohfeld on Legal Rights", *American Philosophical Quarterly*, 14: 41-50, 1977.

Perry, Thomas D., "Reply in Defense of Hohfeld", *Philosophical Studies*, 37: 203-209, 1980.

Perry, Thomas D., "The Domains of Rights", (unpublished)

Postow, B. C., "Rights and Obligations", *Philosophical Studies,* 32: 217-232, 1977.

Raphael, D. D., "Human Rights, Old and New", in *Political Theory and the Rights of Man,* edited by D. D. Raphael, Indiana University Press, 1967.

Raphael, D. D., *Problem of Political Philosophy*, New York: Praeger Publishers, 1970.

Raphael, D. D., *Hobbes: Morals and Politics,* London: George Allen & Unwin, 1977.

Rawls, John, "Legal Obligation and the Duty of Fair Play", in *Law and Philosophy: A Symposium*, edited by Sidney Hook, New York: New York University Press, 1964.

Rawls, John, *A Theory of Justice*, Cambridge, Massachusetts: The Belknap Press of Harvard University, 1971.

Rawls, John, "The Basic Structure as Subject", *American Philosophical Quarterly*, 14: 159-165, 1977.

Raz, Joseph, "Professor Dworkin's Theory of Rights", *Political Studies,* 26: 123-137.

Raz, J., "Promises and Obligations", in *Law, Morality, and Society: Essays in Honour of H. L. A. Hart*, edited by P. M. S. Hacker and J. Raz, Oxford: Oxford University Press, 1977.

Regan, Donald H., "Glosses on Dworkin: Rights, Principles, and Policies", *Michigan Law Review*, 76: 1213-1264, 1978.

Regis, Edward, "Gewirth on Rights", *The Journal of Philosophy*, 78: 786-794, 1981.

Reiman, Jeffrey H., "The Fallacy of Libertarian Capitalism", *Ethics*, 92: 85-95, 1981.

Richard, David A. J., *The Moral Criticism of Law*, Encino, California: Dickenson, 1977.

Richard, David A. J., "Taking Taking Rights Seriously Seriously: Reflections on Dworkin and the American Revival of Natural Law", *New York University Law Review*, 52: 1265-1340, 1977.

Richard, David A. J., "Human Rights and the Moral Foundations of the Substantive Criminal Law", *Georgia Law Review*, 13: 1395-1446, 1979.

Richard, David A. J., "Rights and Autonomy", *Ethics*, 92: 3-20, 1981.

Rollin, Bernard E., *Animal Rights and Human Morality*, Buffalo, New York: Prometheus Books, 1981.

Ross, W. D., *The Right and The Good*, Oxford: The Clarendon Press, 1980.

Sapontzis, S. F., "The Value of Human Rights", *The Journal of Value Inquiry*, 12: 210-214, 1978.

Scanlon, Thomas, "Nozick on Rights, Liberty, and Property", *Philosophy & Public Affairs*, 6: 3-25, 1976.

Scheffler, Samuel, "Natural Rights, Equality, and the Minimal State", *Canadian Journal of Philosophy*, 6: 59-76, 1976.

Sikora, R. I., "Utilitarianism, Supererogation and Future Generations", *Canadian Journal of Philosophy*, 9: 461-466, 1979.

Simon, Robert L., "Is Hart's Natural Right a Human Right?" *Ethics*, 90:

236-237, 1970.

Singer, Marcus G., "Recent Trends and Future Prospects in Ethics", *Metaphilosophy*, 12: 207-223, 1981.

Squadrito, Kathy, "A Note Concerning Locke's View of Property Rights and the Rights of Animals", *Philosophia*, 10: 19-23, 1981.

Srzendnicki, J., "Rights and Rules", *Philosophical Quarterly*, 21: 315-323, 1971.

Steiner, Hillel, "Mack on Hart on Natural Rights: A Comment", *Philosophical Studies,* 32: 321-322, 1977.

Sterba, James P., "Neo-Libertarianism", *American Philosophical Quarterly*, 15: 115-121, 1978.

Sterba, James, P., "The Moral Presuppositions of Contractual Rights", *Ethics,* 89: 298-300, 1973.

Strauss, Leo, *Natural Rights and History*, Chicago: The University of Chicago Press, 1953.

Taylor, Paul W., *Principles of Ethics*, California: Dickenson, 1975.

Thomas, D. A. Lloyd, "Equality within the Limits of Reason Alone", *Mind*, 88: 538-553, 1979.

Thomas, D. A. Lloyd, "Liberalism and Utilitarianism", *Ethics*, 90: 319-334, 1980.

Vlastos, Gregory, "Justice and Equality", in *Human Rights,* edited by A. I. Melden, Belmont, California: Wadsworth, 1970.

Waldron, Jeremy, "A Right to do Wrong", *Ethics*, 92: 211-39, 1981.

Walhout, Donald, "Human Nature and Value Theory", *Thomist*, 44: 278-297, 1980.

Wasserstrom, Richard, "Rights, Human Rights, and Racial Discrimination", in *Rights*, edited by David Lyons, Belmont, California: Wadsworth 1979.

Wellman, Carl, "Upholding Legal Rights", *Ethics,* 86: 49-59, 1975.

Williams, G., "The Concept of Legal Liberty", *Columbia Law Review,* 56: 1129-1150, 1956.

Winslade, William J., "Human Needs and Human Rights", in *Human Rights,* edited by Ervin H. Pollack, Buffalo, New York: Stewart, 1971.

Wolff, Robert Paul, *Understanding Rawls: A Reconstruction and Critique of a Theory of Justice,* Princeton, New Jersey: Princeton University Press, 1977.

Yanal, Robert J., "Notes on the Foundations of Nozick's Theory of Rights", *Personalist,* 60: 349-359, 1979.

# 색인

「사항」

## 조성민

서울대학교 철학과 졸업
뉴욕주립대(버팔로) 철학과 Ph.D.
(윤리학·법철학·정치철학 전공)
한국교원대 명예교수
전) 한국교원대 윤리교육과 교수
　　한국교원대 제2대학장
　　윤리철학교육학회장

■저서 및 역서
• 도덕 윤리교육의 윤리학적 접근
• 논리와 토론 논술
• 논리와 가치 탐구
• NIE 탐구공동체
• 가치교육(공역)
• 가치를 어떻게 가르칠 것인가(공역)
• 정의는 도도하게 흐르는 강물처럼
　외 다수

# 권리의 근거

호펠드의 권리 유형에 따른
계약론적 접근

**초판인쇄**  2021년 10월 29일
**초판발행**  2021년 10월 29일

**지은이**  조성민
**펴낸이**  채종준
**펴낸곳**  한국학술정보㈜
**주　　소**  경기도 파주시 회동길 230(문발동)
**전　　화**  031) 908-3181(대표)
**팩　　스**  031) 908-3189
**홈페이지**  http://ebook.kstudy.com
**E-mail**  출판사업부  publish@kstudy.com
**등　　록**  제일산-115호(2000. 6. 19)

ISBN  979-11-6801-157-1  93340